T0210095

essentials

essentials liefern aktuelles Wissen in konzentrierter Form. Die Essenz dessen, worauf es als „State-of-the-Art" in der gegenwärtigen Fachdiskussion oder in der Praxis ankommt. *essentials* informieren schnell, unkompliziert und verständlich

- als Einführung in ein aktuelles Thema aus Ihrem Fachgebiet
- als Einstieg in ein für Sie noch unbekanntes Themenfeld
- als Einblick, um zum Thema mitreden zu können

Die Bücher in elektronischer und gedruckter Form bringen das Expertenwissen von Springer-Fachautoren kompakt zur Darstellung. Sie sind besonders für die Nutzung als eBook auf Tablet-PCs, eBook-Readern und Smartphones geeignet. *essentials:* Wissensbausteine aus den Wirtschafts-, Sozial- und Geisteswissenschaften, aus Technik und Naturwissenschaften sowie aus Medizin, Psychologie und Gesundheitsberufen. Von renommierten Autoren aller Springer-Verlagsmarken.

Weitere Bände in der Reihe http://www.springer.com/series/13088

Anke Lüneburg

Erfolgreich sein als Führungskraft in der Arbeitswelt 4.0

Begeisterung wecken mit Zukunftskompetenzen und Coaching-Tools

 Springer

Anke Lüneburg
Anke Lüneburg Strategien + Potenziale
Harrislee bei Flensburg, Deutschland

ISSN 2197-6708 ISSN 2197-6716 (electronic)
essentials
ISBN 978-3-658-28905-8 ISBN 978-3-658-28906-5 (eBook)
https://doi.org/10.1007/978-3-658-28906-5

Die Deutsche Nationalbibliothek verzeichnet diese Publikation in der Deutschen Nationalbibliografie; detaillierte bibliografische Daten sind im Internet über http://dnb.d-nb.de abrufbar.

Springer ist ein Imprint der eingetragenen Gesellschaft Springer Fachmedien Wiesbaden GmbH und ist ein Teil von Springer Nature.
Die Anschrift der Gesellschaft ist: Abraham-Lincoln-Str. 46, 65189 Wiesbaden, Germany

Was Sie in diesem *essential* finden können

- Die Bedeutung guter Führung für den Unternehmenserfolg in der Arbeitswelt 4.0
- Erweiterung des Wissens über sich selbst, Werte, Stärken und Potenziale sowie die Rolle von Coaching und guter Unternehmenskultur
- Eine Übersicht wichtiger Zukunftskompetenzen für Führungskräfte
- Die Wirksamkeit klarer Kommunikation und Empathie in der Führung
- Ein Plädoyer für eine echte Führungspersönlichkeit, die Begeisterung weckt, um die Herausforderungen der Zukunft zu bestehen

Vorwort

Wozu dient Führung? Wofür gibt es Führungskräfte? Die Fragen lassen sich leicht beantworten: Führung dient dem Erhalt des Unternehmens, seinem wirtschaftlichen Erfolg und der Schaffung von Werten. Führungskräfte sollen also dafür sorgen, dass das Unternehmen weiterhin auf dem Markt besteht.

In den „alten" Arbeitswelten 1.0 bis 3.0 wurde der „Erfolg" von Führung durch wirtschaftliche Kennzahlen „sichtbar". Wenn man sie erreichte, war man erfolgreich und erhielt Boni oder wurde sogar befördert. Das Arbeitsklima, die Mitarbeiterzufriedenheit oder die Stimmung im Team interessierte viele nicht. „Alle sollen ihre Arbeit machen, dafür werden sie bezahlt" oder ein allgemeines Stöhnen über „unfähige" oder „faule" Mitarbeitende beherrschte in vielen Führungsrunden den Arbeitsalltag. Insbesondere Chefs, die nur ihre eigenen Ziele im Blick haben und ihre Fehler nicht sehen (wollten), suchten eher Schuldige unter ihren Mitarbeitenden, um über die eigene Inkompetenz hinwegzutäuschen.

Gleichzeitig waren und sind viele Unternehmen nicht bereit, Führung als Arbeit zu betrachten, für die Führungskräfte Zeit und Wissen brauchen. Häufig bekommen gute Fachkräfte die Führungsaufgaben „obendrauf" und ohne Weiterbildung. Somit ist es kein Wunder, dass zu wenig Zeit für Mitarbeitende und ihre Anliegen bleibt und die Qualität von Führung leidet.

Und nun ändern sich viele Bedingungen in der Arbeitswelt – aus Sicht mancher Führungskräfte „so plötzlich": Immer komplexere Aufgaben und Projekte, globaler Wettbewerb, höhere Aufgabenverdichtung und mehr Unsicherheit stehen dem demografischen Wandel und unterschiedlichen Lebenszielen der Generationen Y und Z gegenüber. Diese Generationen wünschen sich Zeit für ihr Privatleben, aber auch einen sicheren Arbeitsplatz. Hier möchten sie in Projekten arbeiten, Zusammenhänge verstehen und klare Handlungsspielräume haben. Sie möchten als ganzheitliche Persönlichkeit wahrgenommen werden und nicht – wie

ihre Eltern und Großeltern – als „Rädchen im Getriebe", das „austauschbar" ist.
Junge Menschen möchten ihre eigenen Werte in den Unternehmen wiederfinden,
für die sie tätig sind – und wenn sie sich nicht wohl fühlen, werden sie das Unternehmen verlassen.

Was ist also zu tun? Wenn Führung den Zweck des Unternehmenserhalts
erfüllen soll, muss sie sich ändern und damit auch die Menschen, die Führungsverantwortung tragen.

Gute Führung weckt Begeisterung und inspiriert die Mitarbeitenden. Gute
Führungskräfte kennen ihre (Wissens-)Grenzen und unterstützen ihre Mitarbeitenden dabei, sich weiterzuentwickeln. Sie sind echte Vorbilder und stehen
zu dem, was sie tun und sagen.

Das funktioniert besonders gut, wenn Unternehmen herausfinden, welche
Werte ihnen wichtig sind, was sie besonders macht – und sie dann ihre Unternehmenskultur auf eine neue sinnvolle Basis stellen.

Wie all das umgesetzt werden kann, zeigt in aller Kürze dieses Buch – lassen
Sie sich inspirieren!

Anke Lüneburg

Inhaltsverzeichnis

1 Einleitung... 1

2 Wozu dient Führung?... 3
2.1 Aufgaben und Rollen von Führungskräften................... 3
2.2 Sinnverständnis von echter Führung........................... 5

3 Zukunftskompetenzen für die Arbeitswelt 4.0................... 9
3.1 Menschenkenntnis: Charakter, Motive,
Bedürfnisse und Werte... 11
3.2 Selbstführung... 15
3.3 Selbst- und Zeitmanagement...................................... 18
3.4 Klarheit in der Kommunikation................................... 21
3.5 Konfliktfähigkeit und Konfliktlösung........................... 25
3.6 Unterstützung einer offenen, sinnstiftenden
Unternehmenskultur.. 28
3.7 Wissen über Coaching.. 32
3.8 Nutzen der Zukunftskompetenzen................................ 35

4 Umsetzung im Führungsalltag.................................... 37
4.1 Projektleitung... 37
4.2 Team- oder Abteilungsleitung.................................... 41
4.3 Geschäftsführung oder Betriebsleitung......................... 46
4.4 Die innere Haltung: Führen durch Persönlichkeit.............. 47

5 Fazit und Ausblick.. 49

Literatur... 53

Einleitung

1

Die ganze Welt spricht von „New Work", von agilem Führen in agilen Organisationen, von den Herausforderungen durch die Digitalisierung, hohe Komplexität und den Auswirkungen auf die Unternehmen. Von vielen Unternehmen werden agile Coaches gesucht, um ihre Organisation zukunftsfähig zu machen.

Jedoch: Passiert das wirklich? Oder wird ein „Mäntelchen der Agilität" umgehängt, um attraktiv zu sein, und bleibt in Wirklichkeit alles beim Alten? Das hierarchische Denken und Führungskräfte, die so führen, wie sie immer geführt haben? Und: Ist Agilität wirklich für jedes Unternehmen sinnvoll?

Andererseits: Worum geht es eigentlich beim erfolgreichen Führen? Gab es nicht schon immer Führungskräfte, die es anders gemacht haben, als nur schnell erlernte Tools einzusetzen? Was bringt Mitarbeitende dazu, manchen Führungskräften zu folgen, gern für sie zu arbeiten und von innen heraus motiviert zu sein – und anderen eben nicht? Und sind das vielleicht genau die Zukunftskompetenzen, die in der Arbeitswelt 4.0 gebraucht werden?

Um diese Zukunftskompetenzen geht es in diesem Buch. Was wird gebraucht, um kompetente Mitarbeitende mitzunehmen und sogar zu begeistern? Verändern sich Aufgaben und Rollen von Führungskräften? Was müssen Sie als gestandene oder neue Projektleiterin, Team- oder Abteilungsleiter neu lernen? Und wie schaffen Sie das trotz eines vollen Arbeitstages? Welchen Nutzen ziehen Sie daraus?

In diesem Buch geht es zunächst um den Sinn von Führung, den Aufgaben, Rollen und allgemeinen Kompetenzen von Führungskräften, bevor Sie die sieben Zukunftskompetenzen kennenlernen, die für den Erfolg von Menschen mit Führungsverantwortung heute unerlässlich sind. Zum Abschluss erfahren Sie, wie Sie dieses Wissen in verschiedenen Positionen umsetzen können – und wie es in Ihrem Unternehmen weitergehen könnte.

© Springer Fachmedien Wiesbaden GmbH, ein Teil von Springer Nature 2020   1
A. Lüneburg, *Erfolgreich sein als Führungskraft in der Arbeitswelt 4.0*,
essentials, https://doi.org/10.1007/978-3-658-28906-5_1

Hinweis

Ich verwende abwechselnd weibliche, männliche und neutrale Bezeichnungen, um der Vielfalt der Persönlichkeiten in der Arbeitswelt gerecht zu werden.

Wozu dient Führung?

Es gibt unendlich viel Literatur über Führung und entsprechend viele Definitionen, die weit über dieses *essential* hinausgehen. Interessierte, die mehr lesen möchten, finden Literaturhinweise im Verzeichnis hinten.

Der Startpunkt für die Beschäftigung mit Führung ist der Zweck: Wozu ist Führung da?

Neben dem wirtschaftlichen Erfolg dient Führung der Schaffung und Weiterentwicklung der Werte des Unternehmens. Wofür steht es? Was zeichnet es aus? Ehrlichkeit, Qualität, Fairness gegenüber Kunden und Mitarbeitenden, Vertrauen, ein positives Menschenbild? Das gilt auch für öffentliche und soziale Organisationen, die im Non-Profit-Bereich tätig sind.

Zweck von Führung ist nicht das Verfolgen der eigenen (Karriere-)Ziele oder die Beförderung in eine höhere Gehaltsstufe, auch wenn es natürlich legitim ist, Karriere machen zu wollen. Sondern vor allem Antworten zu finden auf zwei Fragen:

- Was muss hier getan werden? (und nicht: Was wollen Sie erreichen?)
- Was ist gut und richtig für das Unternehmen? (und nicht für Sie).

Die darauf basierenden echten Aufgaben und Herausforderungen von Führungskräften zeigt der Abschnitt 2.1.

2.1 Aufgaben und Rollen von Führungskräften

Zu den **Aufgaben als Führungskraft** gehören auf Basis meiner Erfahrung:

- Koordination
- Kooperation

© Springer Fachmedien Wiesbaden GmbH, ein Teil von Springer Nature 2020   3
A. Lüneburg, *Erfolgreich sein als Führungskraft in der Arbeitswelt 4.0*,
essentials, https://doi.org/10.1007/978-3-658-28906-5_2

- Ziele setzen und durch gute Pläne erreichen
- Verantwortung übernehmen (für sich, Mitarbeitende, Projekte, das Unternehmen und vor allem für ihre Entscheidungen)
- Prozesse entwickeln, in Bewegung halten und Veränderungen integrieren
- Eigene Stärken und die der Mitarbeitenden kennen, nutzen und stärken – und nicht aus Defiziten Stärken machen wollen (das wird nie mehr als Mittelmaß)
- Mitarbeitende und sich selbst zur bestmöglichen Leistung motivieren
- Mitarbeitenden den benötigten Freiraum geben und ihnen vertrauen
- Zur Werteentwicklung des Unternehmens beitragen und sie gemeinsam mit anderen Führungskräften und der Geschäftsleitung weiterentwickeln
- Konzentration auf Chancen, weniger auf Risiken
- Sich Zeit nehmen, um Zukunftsstrategien zu entwickeln und zu reflektieren, auch wenn das Tagesgeschäft viel Zeit kostet.

Wie durch die lange Liste erkennbar, ist Führung nichts, was „nebenher" erledigt werden kann, denn diese Aufgaben kosten Zeit. Zeit, die ein Unternehmen oder eine Organisation zur Verfügung stellen muss, damit eine Führungskraft ihre Arbeit gut macht, Mitarbeitende dem Unternehmen verbunden bleiben und ihre innere Motivation behalten. Wenn Fachkräfte und Spezialisten zusätzlich zu ihren Fachaufgaben Führungsaufgaben bekommen, ohne dass sie entlastet werden, sind Konflikte und innere Kündigungen vorprogrammiert. Somit sollten Unternehmen genau definieren, was sie unter Führung verstehen und ihren Führungskräften entsprechende Freiräume und Unterstützung gewähren, damit diese bestmöglich führen können – und ihre Rolle kennen.

Welche **Rollen** übernehmen Führungskräfte heute? Frühere Rollen von Führungskräften waren oft die des „Vaters" oder des „Patriarchen". Heute betrachten manche Chefs ihre Mitarbeitenden als „Blumen im Garten", die von ihnen als „Gärtner" gegossen und gepflegt werden mussten. Andere sehen sich als „Maschinisten", die „Rädchen im Getriebe" ölen. Wenn Mitarbeitende sich als „Rädchen" wahrnehmen, gehen sie von geringer Bedeutung im Unternehmen aus, da sie ihre Fähigkeiten und Kompetenzen nicht nutzen können – denn niemandem fallen diese Fähigkeiten auf. Häufig suchen sich Menschen aus einem solchen Arbeitsumfeld ein Ehrenamt, um dort ihre Potenziale zu nutzen, beispielsweise ihr Organisationstalent als Vereinsvorsitzende.

Führungsverhalten hat also klare Auswirkungen auf Mitarbeitende: Wenn Sie Ihrem Team Eigenverantwortung und eigenständiges Arbeiten zutrauen, werden sie ihre Aufgaben mit Mut und Verantwortungsbereitschaft angehen. Misstrauen Sie ihnen und ihren Fähigkeiten und wollen jeden Arbeitsschritt kontrollieren, so entsteht die sich selbst erfüllende Prophezeiung: Das Team wird vorsichtig, traut sich keine eigenen Entscheidungen zu und wird Sie ständig fragen. Das wiederum bestätigt Sie: „Habe ich doch gewusst, dass sie nichts allein können, immer muss ich mich um alles selbst kümmern!" Und damit hat Ihr Arbeitstag viel zu viele Stunden.

Wie schafft es also ein Unternehmen heute, die Potenziale seiner Mitarbeitenden zu nutzen und mit ihnen vertrauensvoll zusammenzuarbeiten? **Indem die Führungskräfte eine andere Rolle einnehmen, z. B.** die eines Partners oder einer Unterstützerin. In manchen Unternehmen haben Teamleiter bereits heute die Rolle eines Dienstleisters. Das bedeutet, nicht mehr zu sagen, wo es „lang geht", sondern zu fragen: „Was brauchen Sie?" oder „Was kann ich für Sie tun, damit Sie gut arbeiten können?" Es geht also darum, sich auf die Führungsaufgaben zu konzentrieren und gleichzeitig gut zwischen Unternehmensleitung, anderen Abteilungen und dem eigenen Team zu kommunizieren. Dafür muss das eigene Sinnverständnis von Führung entwickelt oder verändert werden.

2.2 Sinnverständnis von echter Führung

Jeder Mensch, der Führungsverantwortung übernehmen möchte oder bereits übernommen hat, sollte für sich Antworten auf folgende Fragen finden:

- **Wie möchte ich führen?**
- **Wie möchte ich geführt werden?**
- **Wie sorge ich für motivierte, begeisterte Mitarbeitende, die meinen Weg mitgehen?**
- **Wie kann ich ihnen Sicherheit in dieser unsicheren Zeit geben und sogar Vorbild sein?**
- **Und: Möchte ich von mir selbst geführt werden?**

In Unternehmen mit einer offenen Unternehmenskultur können (zukünftige) Führungskräfte Ideen entwickeln, wie sie führen wollen, um die innere Motivation aller Mitarbeitenden zu erhalten, sogar Begeisterung zu wecken und neue Mitarbeitende zu gewinnen. Das eigene Sinnverständnis von Führung braucht Zeit. Hilfreich sind Coachings, Mentoring-Programme oder eine echte Führungskräfte-Ausbildung über mehrere Monate, wie es in meinem ersten Buch beschrieben wird. Als Ergebnis entsteht Ihr **eigenes Profil, Ihre innere Haltung**

als Führungskraft, das mit dem Bild eines Baumes beschrieben werden kann (siehe Abb. 2.1):

- Die **Wurzeln** bestehen aus Ihrem Menschenbild, Ihren Stärken, Potenzialen und Werten,
- der **Stamm** ist Ihr Profil, Ihre Haltung als Führungskraft. Er kann nur stark sein, wenn auch Ihre Wurzeln stark sind, Sie sich selbst also gut kennen,
- im **Geäst des Baumes** sehen Sie Ihr gesammeltes Wissen: Von den Fach- und Methodenkompetenzen bis zu Ihren Zukunftskompetenzen, auf die es ankommt. Wie bei einem echten Baum wächst Ihr Wissen weiter: Aus Zweigen werden starke Äste, neue Zweige entstehen.

Authentische Führungskräfte begeistern, schaffen einen „Spirit", also eine hohe Identifikation mit dem Unternehmen, und unterstützen Mitarbeitende bei ihrem Karriereweg. Sie lassen zu, dass sich Teammitglieder weiterentwickeln und selbst

Abb. 2.1 Der Profil-Baum. (Eigene Darstellung in Anlehnung an Lüneburg 2019)

Führungs- oder Projektverantwortung übernehmen dürfen, auch wenn sie sich neue Mitarbeitende suchen müssen.

Führungskräfte mit klarem Profil strahlen dieses nach außen aus. Sie sind glaubwürdig und ein Vorbild für ihre Teams und Abteilungen. Sie stehen zu ihrem Wort und zu Fehlern.

Führungskräfte mit Persönlichkeit legen ihren Schwerpunkt auf Stärken und Potenziale ihrer Mitarbeitenden und nicht auf Defizite und Schwächen. Sie sind mutig und zuversichtlich und trauen ihren Teams zu, Aufgaben eigenverantwortlich und mit Entscheidungsfreiheit umzusetzen. Sie geben den gewünschten Handlungsspielraum und sorgen für ein gutes Arbeitsumfeld.

Wie Sie eine echte Führungspersönlichkeit werden können und welche Ressourcen Sie brauchen, erfahren Sie im Abschn. 4.4.

Zukunftskompetenzen für die Arbeitswelt 4.0

Unter **Kompetenzen** werden im Allgemeinen Sachverstand, Fähigkeiten oder Können verstanden. Wichtig ist: Sie können im Gegensatz zu Begabungen erlernt werden. Was sind also Zukunftskompetenzen für Führungskräfte? Sind es besondere Fähigkeiten, die sich Führungskräfte noch aneignen sollten oder ist vieles schon bekannt, wird aber nicht oder wenig genutzt?

Ein kurzer Ausflug in die Literatur (vgl. Lüneburg 2019, S. 96–97) zeigt, welche vier Kompetenzen für Fach- und Führungskräfte wichtig sind.

Fachkompetenzen

Hierzu gehört das Wissen, das im Fachbereich nötig ist, um Ziele zu erreichen und Aufgaben umzusetzen. Menschen mit hoher Fachkompetenz verstehen Zusammenhänge, sind veränderungsbereit, haben Ideen für neue Produkte und Dienstleistungen und kennen ihr Fachgebiet sehr gut.

Methodenkompetenzen

Unter diesen Kompetenzen wird u. a. analytisches, strategisches, logisches und kritisches Denken verstanden, so dass Menschen in der Lage sind, Aufgaben zu bewältigen und Lösungen zu entwickeln. Heute gehören je nach Tätigkeit auch digitale Fähigkeiten wie der Umgang mit Medien dazu sowie die Fähigkeiten, mit verschiedenen Kulturen zusammenzuarbeiten (interkulturelle Kompetenz) und Netzwerke zu bilden (Netzwerkkompetenz).

Soziale Kompetenzen

Kommunikationsfähigkeit ist die wichtigste soziale Kompetenz, sogar die Basis für alle anderen sozialen Kompetenzen. Wenn jemand nicht klar ausdrücken kann, was seine Ziele und Erwartungen sind und wie er sie mit seinem Team

© Springer Fachmedien Wiesbaden GmbH, ein Teil von Springer Nature 2020
A. Lüneburg, *Erfolgreich sein als Führungskraft in der Arbeitswelt 4.0*,
essentials, https://doi.org/10.1007/978-3-658-28906-5_3

erreichen will, bestehen Mängel bei weiteren sozialen Kompetenzen: Bei der Team- und Konfliktfähigkeit, bei der Durchsetzungskraft und bei der Fähigkeit, Entscheidungen zu treffen. Menschen mit geringen sozialen Kompetenzen können sich nicht oder nur schwer in andere Menschen hineinversetzen. Führungskräfte mit hoher sozialer Kompetenz unterstützen ihre Mitarbeitenden, damit sie ihre Arbeit so gut wie möglich erledigen können. Sie erkennen die Unterschiedlichkeit von Mitarbeitenden und setzen sie an dem Platz ein, wo sie die beste Leistung fürs Unternehmen erbringen können. Sie erkennen entstehende Konflikte und finden passende Lösungen, damit die Arbeit weitergehen kann.

Selbstkompetenz

Unter Selbstkompetenz wird das Wissen über sich selbst verstanden: Welche Charaktereigenschaften, Bedürfnisse und Werte habe ich? Was treibt mich an im Leben und im Beruf? Wie verhalte ich mich in bestimmten Situationen, z. B. wenn ich unter Druck bin oder wenn Mitarbeitende Fehler gemacht haben? Wie vermeide ich unangemessenes Verhalten? Wie organisiere ich mich selbst, sodass ich meine Arbeit gut mache und ausreichend Zeit für meine Führungsaufgaben habe? Und nicht zuletzt: Wie sorge ich gut für mich selbst?

Die Situation in der Arbeitswelt 4.0 und die Zukunftskompetenzen

In der heutigen Arbeitswelt müssen sich Unternehmen und damit Führungskräfte mit sehr komplexen Aufgaben auseinandersetzen, die auch noch schnell und günstig erledigt werden sollen. Kundenansprüche steigen, ihre Erwartungen sind sehr unterschiedlich und Fachwissen ist schnell überholt.

Fach- und Methodenkompetenzen bleiben eine wichtige Basis, mehr jedoch nicht. Führungskräfte können heute im vielen Berufen nicht mehr in der Tiefe fachlich tätig sein und müssen die praktische Arbeit ihren Mitarbeitenden überlassen. Sie selbst benötigen Zeit für Koordination, Kooperation und fürs Führen selbst. Im Dienstleistungsbereich braucht nicht jede Führungskraft digitale, strategische oder analytische Fähigkeiten, dafür aber soziale Kompetenzen, um ihre Mitarbeitenden für ihren Arbeitsplatz zu begeistern.

Gute Mitarbeitende sind der Schlüssel zum Erfolg. Sie bleiben jedoch nur, wenn sie gut geführt werden. Ein angemessenes Gehalt ist wichtig, aber nicht allein ausschlaggebend, um bei einem Arbeitgeber zu bleiben. Und damit sind neue Kompetenzen für die Zukunft gefragt, die Abb. 3.1 zeigt.

Abb. 3.1 Die sieben Zukunftskompetenzen für die Arbeitswelt 4.0. (Eigene Darstellung)

3.1 Menschenkenntnis: Charakter, Motive, Bedürfnisse und Werte

Zu den Zukunftskompetenzen gehört Wissen über Menschen und ihre Verschiedenheit. Wir können uns nur schwer vorstellen, dass andere Menschen Situationen anders wahrnehmen oder dass sie sich in der gleichen Situation völlig anders verhalten, als wir selbst es getan hätten. Als Führungskraft ist es hilfreich, die Unterschiedlichkeit von Menschen zu akzeptieren und zu lernen, damit umzugehen. Eine gute Leitung findet Wege, wie sie mit jedem einzelnen Mitarbeiter am besten zusammenarbeitet, sodass er oder sie die beste Leistung erbringen kann. Die wichtigste Grundlage: **Ein positives Menschenbild.** Wenn jemand Menschen nicht mag oder nicht gern um sich hat, sollte er überlegen, ob er wirklich als Führungskraft arbeiten möchte. Vielleicht ist er als Spezialist zufriedener und erfolgreicher? Diese wesentliche Frage kann im Rahmen eines Karriere-Coachings geklärt werden.

Wenn Sie nun zu den Führungskräften gehören, die gern mit Menschen zusammenarbeiten, dann lohnt es sich, wenn Sie sich intensiver mit dem Thema Persönlichkeit auseinandersetzen – es wird Ihre Arbeit deutlich erleichtern.

Jeder Mensch hat eine eigene, besondere Persönlichkeit, die ihn von allen anderen Menschen unterscheidet. Für Führungskräfte ist es nicht immer leicht zu erkennen, welche Gefühle und Bedürfnisse ein Mitarbeiter hat oder was ihn antreibt. Viele Unternehmen arbeiten mit Tests und Analysen, die die Persönlichkeit von Mitarbeitenden mit Typen erklären sollen. Da jedoch jede Persönlichkeit sehr vielschichtig ist, ist es zu einfach, Menschen in Stereotypen einzuteilen, z. B. „alle XY-Typen reagieren immer so und so" oder „Sie als Z-Typ sind für diesen Job nicht geeignet". Eine solche Einteilung ist sogar gefährlich, da sie Vorurteile erzeugen und Schubladendenken unterstützen.

Was können Sie also tun, um Ihre Mitarbeitenden besser einzuschätzen und damit Ihr Einfühlungsvermögen zu verbessern? Und um die beste Wahl unter Bewerber/innen zu treffen?

Aus wissenschaftlichen Studien ist bekannt, dass alle Menschen **Bedürfnisse** nach mehr oder weniger **Struktur,** nach **Weiterentwicklung** bzw. persönlichem Wachstum und nach Zuwendung bzw. **Wahrnehmung im Beruf** haben. Jeder Mensch möchte wirklich gesehen werden – natürlich am liebsten positiv, jedoch auch „negativ" im Sinne von konstruktiver Kritik. Das bedeutet, dass Lob und Kritik präzise formuliert werden muss. Dafür brauchen Führungskräfte sehr gute Kommunikationsfähigkeiten: Nicht zu viel loben, dann glauben Mitarbeitende nicht mehr, dass das Lob ernst gemeint ist. Und nicht zu viel kritisieren bzw. ohne sachlichen Grund, denn dann fühlen sich Menschen abgewertet und werden unsicher. Am schlimmsten ist es jedoch für Mitarbeitende, wenn sie **überhaupt nicht wahrgenommen** werden, Chefs regelrecht durch sie hindurchsehen oder nicht grüßen. Dann versuchen Mitarbeitende wie Kinder mit Fehlern aufzufallen, damit wenigstens so der Chef oder die Chefin Notiz von ihnen nimmt. Mitarbeitende wünschen sich **echte Wertschätzung** – nicht nur für ihre Arbeit, sondern auch für sie als Person. Dazu gehört, dass ihre Bedürfnisse erkannt werden und sie ihre Arbeit so erledigen können, dass sie das beste Ergebnis für das Unternehmen erbringen.

Das **Bedürfnis nach Struktur** ist unterschiedlich ausgeprägt, jedoch haben alle Menschen den Wunsch nach Ritualen, z. B. nach regelmäßigen Teammeetings. Nicht als Plauderstunde, sondern weil sie bis zu diesem Termin alle offenen Punkte sammeln, um sie dann gebündelt mit der Leitung zu klären. Das bedeutet, sie ersparen der Führungskraft viele Einzelgespräche, die Zeit kosten, indem sie strukturiert alles im Meeting vortragen. Fällt dann die Sitzung ohne Angabe von Gründen aus oder reden hauptsächlich die Chefs, wird das Bedürfnis nach Struktur und Ordnung nicht erfüllt. Die Mitarbeitenden können ihre Arbeit ohne Feedback der Leitung nicht fortsetzen und sind frustriert. Im schlimmsten Fall setzt sich dieser Frust fort und beschäftigt ganze Teams.

Persönliche Weiterentwicklung ist ein menschliches Bedürfnis, das vielen Chefs nicht bewusst ist. Jeder Mensch wünscht sich, sein Wissen zu erweitern und persönlich zu wachsen – auch Reinigungs- oder Kantinenkräfte! Viele haben es nur aufgegeben, da sie nach vielen Versuchen immer wieder gescheitert sind. Es ist jedoch möglich, auch Hilfskräfte durch neue Aufgaben und Verantwortungsbereiche zu motivieren. Eine Gleichberechtigung kann zu deren Wachstum beitragen, sie fühlen sich als wichtige Teammitglieder. Das Beispiel gilt genauso für junge Teammitglieder, die den Freiraum zum Ausprobieren einer neuen Idee bekommen, oder gestandene Mitarbeitende, die auch mit Ende 50 noch eine Software lernen „dürfen". Lassen Sie Menschen wachsen – der Erfolg Ihres Unternehmens wird Sie bestätigen!

Die Kompetenz, Gefühle und Bedürfnisse von Mitarbeitenden zu erkennen, gehört zur inneren Haltung einer echten Führungspersönlichkeit, wie Sie in Abschn. 4.4 sehen werden.

> **Beispiel**
> Ein produzierendes Unternehmen wurde von einem Kunden nach einer Werksbesichtigung gelobt. Es sei so sauber im Lager und in der Produktion, das hätte er noch nie woanders so gesehen. Das würde ihn bestärken, zukünftig noch weitere Produkte hier zu bestellen. Der Firmenchef freute sich über das Lob und berichtete, dass seine Mitarbeiter sehr stolz auf das Unternehmen seien und ihnen daher eine saubere Umgebung ebenso wichtig sei wie qualitativ hochwertige Produkte. Selbstverständlich gab er das Lob weiter an sein gesamtes Team.

Dieses Beispiel zeigt, dass Menschen von Natur aus von innen motiviert sind, wenn ihre Bedürfnisse erfüllt werden. Viele Jahre glaubten Chefs und Unternehmer, dass Menschen nur durch äußere Anreize wie Gehalt oder Prämien zu motivieren seien.

Heute ist bekannt, dass Menschen gern arbeiten, wenn sie am richtigen Platz sind. Dann sind sie mit großer Freude bei der Arbeit, geraten sogar in einen „Flow", sind also völlig vertieft in ihre Tätigkeit. Um dorthin zu kommen, sollte jeder Mensch für sich die folgende Frage beantworten: **Was treibt mich an im Leben und im Beruf?**

Wenn Sie das wissen, kennen Sie Ihre **Lebensmotive.** Dazu gehören u. a. das Bedürfnis nach Struktur, Sicherheit, sozialem Engagement, Familie, Autonomie oder Sozialkontakten. Wer eine qualifizierte Persönlichkeitsanalyse zu Lebensmotiven macht, z. B. LUXXprofile oder ID37, erfährt sehr viel über seine Lebensmotive und Bedürfnisse. Warum halte ich ungern Präsentationen, obwohl ich es schon so oft gemacht habe und gut kann? Warum lese ich in meiner

Freizeit Fachbücher? Warum ist mir die Zustimmung meines Teams so wichtig? Warum versuche ich immer wieder, Unangenehmes nicht anzusprechen? Oft ist es sinnvoll, wenn das gesamte Team die Persönlichkeitsanalyse macht und anschließend unter Leitung eines ausgebildeten Coachs bespricht, wie das Wissen die Teamzusammenarbeit stärken und die Arbeitsleistung verbessern kann.

Durch die Erarbeitung der Lebensmotive werden auch **Werte** deutlich, also Eigenschaften, die Menschen aus ihrer Sicht positiv empfinden. Die Basis für Werte sind Einstellungen, Gedanken und Verhaltensmuster und können sich im Laufe des Lebens ändern. Bekannte Werte sind Zuverlässigkeit, Ehrlichkeit, Loyalität, Gerechtigkeit, Hilfsbereitschaft, Pünktlichkeit oder Toleranz. Menschen arbeiten gern in Unternehmen, die ähnliche Werte haben wie sie selbst – und umgekehrt sind Unternehmen gut beraten, über ihre Werte nachzudenken und sie bekannt zu machen. So können sie dann neue Mitarbeitende einstellen, deren Werte mit ihren zumindest zu 80 % übereinstimmen.

Exkurs: Die Big Five

Ein sehr gut erforschtes Modell zur **Erfassung von Charaktereigenschaften** sind die „Big Five", die fünf Grundeigenschaften von Menschen herausgearbeitet haben. Eine neue Weiterentwicklung ist das zweidimensionale Modell von LINC. Der LINC Personality Profiler (LPP) hat jeder bisherigen Eigenschaft eine weitere gegenübergestellt, um die Vielfalt menschlicher Eigenschaften zu zeigen. Die jeweiligen Pole sind:

Extraversion – Introvision
Flexibilität – Gewissenhaftigkeit
Offenheit – Beständigkeit
Wettbewerb – Kooperation
Emotionale Stabilität-Sensibilität

Jede der fünf Dimensionen wird nochmals in sechs Facetten unterteilt, so dass durch die Analyse mit dem LPP der Charakter einer Person sehr genau beschrieben wird. Der LPP zeigt in seiner Analyse zusätzlich **Motive und Kompetenzen,** um der individuellen Persönlichkeit eines Menschen gerecht zu werden.

3.2 Selbstführung

Neben der Menschenkenntnis und der damit entstandenen Empathie ist das Wissen über sich selbst die wichtigste Zukunftskompetenz. Was haben also Sie und andere davon, wenn Sie sich selbst gut führen können? Und warum ist es eine Zukunftskompetenz in der Arbeitswelt 4.0?

- Sie können sich und andere besser verstehen: Warum handelt er oder sie in dieser Situation so? Warum reagiere ich unter Druck so?
- Wenn Sie Ihre Stärken, Werte und Bedürfnisse kennen, erhöhen Sie Ihr Selbstvertrauen (und damit Ihr Vertrauen in andere) und entwickeln eine positive Haltung sich selbst gegenüber
- Sie erfahren, dass andere Sichtweisen Ihr Wissen und Ihre eigene Persönlichkeit bereichern können und sehen sie nicht als Gefahr
- Sie verringern Ihre Sorgen, Unsicherheiten und Ängste, z. B. vor zukünftigen Anforderungen durch die Digitalisierung
- Sie fühlen sich zu konstruktiver Kritik ermutigt und sind selbst kritikfähig
- Sie handeln bei Konflikten und erkennen sie frühzeitig
- Sie kommen mit Ihren Mitarbeitenden gut zurecht, auch wenn diese ein tieferes Wissen als Sie selbst haben, denn Sie haben Vertrauen, da Sie sich Ihrer eigenen Stärken bewusst sind
- Sie lernen, sich selbst zu reflektieren: Was brauche ich, um gut arbeiten zu können? Wie vermeide ich Erschöpfung? Wie will ich führen? Wer will ich sein als Führungskraft?

Hinweis

Der Weg zur Selbstführung erfordert Mut zum Kennenlernen der eigenen Persönlichkeit. Viele Führungskräfte tragen im Unternehmen eine Maske, da sie glauben, sonst nicht respektiert zu werden. Diese Maske abzulegen und die echte Person zu zeigen, ist ein mehr oder weniger langer Weg. Es lohnt sich jedoch sehr, ihn zu gehen – für sich selbst und insbesondere für jüngere Mitarbeitende. Sie erwarten heute eine authentische Führungskraft, der sie aufgrund einer glaubwürdigen Persönlichkeit folgen wollen, nicht (nur) aufgrund von Fachwissen oder Autorität. Gleichzeitig wollen sie selbst als gesamte Persönlichkeit mit ihren Bedürfnissen und Stärken gesehen werden.

Wenn Sie die untenstehenden Fragen aus der Übung beantworten, können Sie sich selbst erkennen und wahrnehmen als der, der Sie sind – und weder sein sollen oder glauben zu sein. Wer jahrelang von der Familie gesagt bekam, er sei ein Kämpfer, glaubt daran und handelt möglicherweise über Jahre gegen seine eigenen Bedürfnisse, wenn ihn in Wirklichkeit große Friedfertigkeit auszeichnet. Wie entsteht eine so unterschiedliche Wahrnehmung? Eltern oder prägende ältere Erwachsene werden von Kindern und Jugendlichen als Wegweiser wahrgenommen: „Meine Eltern kennen mich ja". Oft haben die Eltern ein Bild von ihren (auch schon erwachsenen) Kindern, das ihren Wünschen entspricht, nicht jedoch der Realität: „Sie kann so gut mit Kindern umgehen, sie wird bestimmt Erzieherin" – in Wahrheit interessiert sich die Tochter für wirtschaftliche Zusammenhänge und spielt nur gelegentlich mit ihren kleinen Cousins. In vielen Familien gibt es sogenannte Glaubenssätze, die von Generation zu Generation weitergegeben werden, zum Beispiel:

- „Sei vorsichtig!" oder „Traue niemandem!"
- „Streng dich an!" oder „Nur wer etwas leistet, darf auch essen!"
- „Sei stark!" oder „Männer weinen nicht!"
- „Sei perfekt" oder „Du sollst es einmal besser haben"
- „Mache es recht" oder „Tu es mir zuliebe"

Kommt Ihnen etwas davon bekannt vor? Vieles stammt aus harten Zeiten mit anderen Erziehungsprinzipien, wirkt jedoch bis heute in Kindern und Erwachsenen fort – also auch in der Arbeitswelt. Sie kennen bestimmt Kollegen, die ein schlechtes Gewissen haben, wenn sie vor dem Ablauf von zehn Stunden nach Hause gehen, oder die mit ihren Arbeitsergebnissen nie zufrieden sind? Wenn Sie erkannt haben, welcher Glaubenssatz Sie antreibt, können Sie ihn umwandeln in einen Erlaubnissatz wie „Ich darf pünktlich Feierabend machen" oder „Mein Arbeitsergebnis ist so völlig ok". Da Vertrauen in der Arbeitswelt 4.0 eine wichtige Basis für gute Zusammenarbeit bildet, ist es umso entscheidender für Führungskräfte, aus einem Glaubenssatz einen Erlaubnissatz wie „Ich vertraue meinen Mitarbeitenden" zu entwickeln. Hier unterstützt die folgende Übung, die Sie allein oder mit Unterstützung im Rahmen eines Coachings machen können. Nehmen Sie sich Zeit und suchen Sie sich einen schönen Ort!

Übung

- Kennen Sie Ihre Stärken und Werte? Notieren Sie jeweils die wichtigsten zehn Stärken und Werte und versuchen Sie im Anschluss, diese auf die jeweils drei wichtigsten zu reduzieren.
- Leben Sie Ihre Werte? Wenn nein, was könnten Sie ändern?
- Erkennen Sie in unterschiedlichen Situationen Ihre Gefühle und Bedürfnisse? Erstellen Sie eine Liste mit allen drei Punkten. Was fiel Ihnen leicht bzw. schwer?
- Kennen Sie Ihre eigenen unbewussten Verhaltensmuster? Haben Sie schon gelernt, sie zu überwinden? Können Sie z. B. Kritik annehmen?
- Was brauchen Sie, um Ihr eigenes Handeln bewusst zu steuern?
- Nach welchen Kriterien entscheiden Sie unabhängig und bewusst?
- Wissen Sie, wie Sie am besten arbeiten und Neues lernen können?
- Wissen Sie, ob Sie besser im Team oder allein arbeiten?
- In welcher Position bzw. Funktion sind Sie am besten?
- Welches Arbeitsumfeld brauchen Sie: ein großes oder ein kleines Unternehmen, mehr oder weniger Regeln, ein Einzelbüro oder eher Großraumbüro?
- Was brauchen Sie, um ins innere Gleichgewicht zu kommen?

Wenn Sie über diese Fragen ausführlich nachgedacht haben, haben Sie sich selbst besser kennengelernt und können sich selbst gut führen: Sie haben eine hohe **Selbstkompetenz.**

Und nur Menschen, die sich selbst gut führen können, können auch andere gut führen!

Wenn Sie sich selbst gut führen und einen **hohen stabilen Selbst-Wert** haben, gehen Sie **souverän mit Kritik** um, sind glaubwürdig und treten sicher auf. Sie sind unabhängig von anderen Meinungen, fühlen sich sicher und wissen, was Sie können. Sie geben Ihren Mitarbeitenden **Orientierung** und vermitteln **Sicherheit.** Sie leiten Informationen weiter und behalten sie nicht für sich, da Sie wissen, wie wichtig Informationen für andere sind.

Gleichzeitig ist Ihnen bewusst, dass Menschen mit **geringem Selbstwertgefühl** sich schnell aus dem Konzept bringen lassen, sich selbst abwerten („ich kann ja nichts" oder „ich werde es nie lernen"), sich leicht von anderen beeinflussen lassen und so zum Opfer werden können. Aufgrund ihrer Unsicherheit haben sie Angst vor Veränderungen, nehmen Kritik persönlich, wehren sie ab und haben Schwierigkeiten, ihre eigene Leistung positiv zu sehen. Bis zu einem gewissen Grad können Sie diese Haltung zu mehr Selbstkompetenz verändern – durch Gespräche oder durch externe Unterstützung. Das ist insbesondere wichtig, wenn Sie einen solchen Menschen im Team haben, den Sie aufgrund seiner Leistungen und seines Wissens nicht verlieren möchten.

Ein wichtiger Teil der Selbstführung ist das Kümmern um sich selbst: **Die Selbstfürsorge.** Damit ist kein Egoismus gemeint, sondern Zeit, um z. B. belastenden Stress zu verarbeiten, um abzuschalten und wieder Kraft für neue Aufgaben zu schöpfen. Das können Sie sich wie eine Schüssel mit Wasser vorstellen: Wenn die Führungsaufgaben jeden Tag so viel Energie erfordern, dass Wasser aus der Schüssel geschöpft wird ohne sie wieder aufzufüllen, ist sie irgendwann leer.

Führungskräften, die nicht gut für sich selbst sorgen, fehlt es an Mut und Kraft für ihre Arbeit – und für die Fürsorge für ihre Mitarbeitenden. Sie werden dann ungeduldig, schnell aggressiv oder erwarten permanenten Einsatz für sich und das Unternehmen. Auch Familien von Führungskräften leiden häufig, da keine Kraft für private Dinge mehr da ist.

Was können Sie tun? Suchen Sie sich eine Beschäftigung in der Freizeit, die Ihnen gut tut: In der Natur, z. B. wandern oder spazieren gehen; machen Sie Sport oder lesen Sie Bücher – machen Sie jedoch alles nur unter dem Aspekt der Entspannung und der eigenen Freude. Wenn Sie das Joggen beginnen, weil andere es tun oder weil Sie meinen, auch hier Leistung erbringen zu müssen, ist es keine Selbstfürsorge, sondern erneut ein hoher Anspruch an sich selbst, den Sie erfüllen wollen.

Tipp
Vielleicht gönnen Sie sich eine Auszeit, z. B. in einem Kloster oder mit einem Coach? Sie könnten die Fragen der Selbstführung aus der Übung der vorherigen Seite und vielleicht sogar zusätzlich Fragen wie „Wer bin ich eigentlich? Wofür bin ich da?" beantworten. Eine solche Auszeit ist sehr wohltuend, auch wenn es erst irritierend sein könnte, sich mit sich selbst zu beschäftigen – Sie kommen jedoch gestärkt wieder zurück!

3.3   Selbst- und Zeitmanagement

Als **selbstkompetente Führungskraft** kennen Sie Ihre eigenen Potenziale und können Ihren Teammitgliedern helfen, deren Potenziale zu finden. Sie alle können dann Ihren Fähigkeiten und Interessen gemäß arbeiten. Sie als Teamleiterin haben Ihre Ziele im Blick, entwickeln die passenden Strategien und haben ausreichend Zeit für Mitarbeitergespräche – wenn Sie ein gutes Selbst- und Zeitmanagement aufgebaut haben.

Selbstmanagement bedeutet

- **Selbstständig Ziele entwickeln** (auf Basis der Ziele Ihres Unternehmens): Was wollen Sie erreichen? Stimmen Ihre Ziele möglichst mit Ihren eigenen Werten überein? Wichtig ist Ihre Bereitschaft, für Ihre Ziele und ihre Erreichung Verantwortung zu übernehmen.
- **Jeden Tag wieder Prioritäten setzen:** Was ist heute wichtig? Was muss als Erstes getan werden? Was können Sie delegieren (mit der zugehörigen Verantwortung)? Um wen von Ihren Mitarbeitern müssen Sie sich heute kümmern?
- **Gute Vorbereitung:** Aufgaben, Meetings und Projekte gut vorbereiten, durchführen und nachbereiten – mit Zeitmanagementfähigkeiten.

Was ist ein gutes Zeitmanagement?

Als Führungskraft haben Sie einen Tag voller Meetings, Telefonate, Mails, Mitarbeiter- und Kundengespräche oder Aufgaben, die Sie persönlich erledigen müssen. Um den Überblick zu behalten und Freiräume für Zukunftsplanung und echte Mitarbeiterführung zu gewinnen, helfen z. B. folgende Zeitmanagement-Instrumente:

- Beenden Sie jeden Tag mit einer **To-do-Liste** für den nächsten Tag, möglichst mit Notizen zu Dringlichkeit und Wichtigkeit. Nutzen Sie eine Kladde, wo Sie Ihre erledigten Aufgaben abhaken oder durchstreichen können: Das ist wirkungsvoller für Ihre Zufriedenheit, denn Sie können später immer wieder nachlesen, was Sie alles geschafft haben. Auch im Gehirn werden handgeschriebene Worte besser abgespeichert. Die nicht erledigten Dinge übertragen Sie auf Ihre To-do-Liste für den nächsten Tag, sodass Sie jeden Tag mit einer „frischen" Liste anfangen.
- **Entscheiden Sie jeden Tag zum Arbeitsbeginn,** was heute als erstes zu tun ist. Was ist heute wichtig? Was ist dringlich?
- **Delegieren** Sie möglichst viele Aufgaben an Mitarbeitende, die dafür die Fähigkeiten haben und vereinbaren Sie Rückmeldungen zur Erledigung. Natürlich haben Sie vorab dafür gesorgt, dass Ihre Mitarbeitenden die notwendigen Kompetenzen entwickeln konnten und trauen ihnen die Umsetzung zu.
- **Planen Sie Zeiten für sich** selbst ein, z. B. zur Strategieentwicklung, Projekt- oder Terminvorbereitung – und blocken Sie diese Zeiten in Ihrem Kalender, sodass auch Ihre Mitarbeitenden informiert sind. Auch wenn Sie offene Türen gut finden, schließen Sie Ihre Tür für diese Zeit, leiten Sie das Telefon um und

lesen Sie keine Mails, damit Sie sich in diesen ein oder zwei Stunden wirklich konzentrieren können. Sie werden erstaunt sein, wieviel Sie schaffen!

- **Bereiten Sie Team- und Projektsitzungen gut vor:** Erstellen Sie eine Agenda (die Mitarbeitenden können Vorschläge bis zu einem bestimmten Zeitpunkt nennen), versenden Sie sie möglichst zwei Tage vorher an alle Teilnehmer mit der Bitte, sich auf alle Punkte vorzubereiten. Führen Sie das Meeting anhand der Agenda – sollte es zu einzelnen Punkten mehr Gesprächs-bedarf geben, vereinbaren Sie einen neuen Termin – und am besten nur mit den betroffenen Mitarbeitern.

- **Begrenzen Sie Meetings** auf maximal zwei Stunden. Das ist verlässlich, auch für die Planung weiterer Termine. Außerdem lässt nach zwei Stunden die Kon-zentration nach.

- Für manche **Teammeetings** bietet es sich an, täglich eine Viertel- oder halbe Stunde zu Arbeitsbeginn einzuplanen. Dort werden Fragen besprochen wie „Was liegt heute an? Was ist wichtig?", wenn alle Teammitglieder an einem Standort arbeiten. Für andere Teams ist ein wöchentliches Meeting sinnvoll. Entscheiden Sie, was für Ihr Team passt und welche Informationen Ihre Mit-arbeitenden für ihre Arbeit brauchen.

- **Planen Sie zwischen zwei Terminen genug Puffer ein:** Für eine mög-liche Verlängerung der vorherigen Sitzung, für den Weg zur nächsten – und vor allem für die Vorbereitung auf die nächste Sitzung. Wenn unvorbereitete Führungskräfte in Meetings sitzen, werden sie Schwierigkeiten haben, Ent-scheidungen zu treffen oder Projekte zu begleiten. Mitarbeitende erwarten jedoch zu Recht, dass ihre Chefs im Thema sind und Unterlagen gelesen haben, um gute Entscheidungen treffen zu können.

- Rufen Sie Ihre **Mails nur drei- oder viermal täglich** ab, z. B. zu Beginn Ihres Arbeitstages, vor oder nach der Mittagspause und ca. eine Stunde, bevor Sie nach Hause gehen. Mails zu lesen und darauf zu reagieren bringt Sie aus der Konzentration Ihrer sonstigen Arbeit.

Tipp

Wenn Sie morgens fit sind und sich gut konzentrieren können, sollten Sie dann strategische und umfangreiche Aufgaben bearbeiten und das Lesen von Mails auf später verschieben (wenn es sehr dringend ist, werden Sie sowieso angerufen). Sind Sie eher nachmittags aktiv und können gut nachdenken, dann erledigen Sie morgens Routineaufgaben und beantworten Mails.

3.4 Klarheit in der Kommunikation

Kommunikationsstarke Menschen können klar ausdrücken, wovon sie sprechen. Sie können in verständlichen Sätzen mitteilen, was sie möchten und was sie von anderen erwarten. Kommunikationsfähige Führungskräfte sind also in der Lage, ihre Ziele und die Sinnhaftigkeit ihres Tuns verständlich darzustellen, sodass Mitarbeitende wissen, wo es hin geht und wie ihr Beitrag aussehen soll. Sie legen die Handlungsspielräume des Teams fest und machen deutlich, wo die Grenzen liegen. Damit weiß jedes Teammitglied, was es selbst entscheiden darf.

Klar kommunizierende Chefinnen arbeiten transparent, d. h. sie informieren über ihr Tun, geben Informationen weiter und kümmern sich um notwendiges Wissen für ihr Team.

Ohne klare Kommunikation können Sie als Führungskraft Ihren Mitarbeitenden nicht deutlich machen, was Sie erreichen wollen und was Sie von Ihrem Team erwarten.

Beispiel

Ein neuer Abteilungsleiter lässt alle Mitarbeitenden jede Woche im Teammeeting berichten, was anliegt. Nach dem jeweiligen Bericht geht er ohne Kommentar zum nächsten über. Zum Abschluss berichtet er selbst Aktuelles sowie kleine Anekdoten. Dann endet die Sitzung. Die Mitarbeitenden erfahren nicht, ob das, was sie tun, seinen Zielen und Erwartungen entspricht. Es gibt für das Meeting keine Agenda, sodass die Mitarbeitenden sich nicht sinnvoll vorbereiten können. Wenn vom Abteilungsleiter Antworten zu offenen Punkten erbeten werden, nickt er und verweist auf später. Er gibt keine oder unklare Arbeitsanweisungen, z. B. „nächste Woche ist Geschäftsleitungssitzung" ohne Hinweise, was er erwartet oder braucht. Am Tag der Sitzung ist der Abteilungsleiter irritiert, dass niemand etwas vorbereitet hat, äußert sich sehr impulsiv über die Unfähigkeit seiner Mitarbeitenden und verlangt Überstunden. In diesem Team besteht somit eine stetige Unruhe: „Was passiert heute? Ist das, was ich mache, so richtig? In welche Richtung soll ich arbeiten?", die durch klare Kommunikation beseitigt werden und damit zu besseren Arbeitsergebnissen führen könnte.

Mitarbeitende möchten verstehen, welchen Sinn ihre Arbeit hat und was sie zum Unternehmenserfolg beitragen. Sie möchten wissen, wohin sich ihr Arbeitgeber entwickeln will und welche Rolle sie selbst spielen. Daher gehören die Fähigkeit, klar zu kommunizieren, zu den Zukunftskompetenzen für die Arbeitswelt 4.0: Sie helfen **Führungsfehler** zu vermeiden, wie sie u. a. im o. g. Beispiel vorlagen:

- Ziele und Erwartungen an Mitarbeitende werden nicht mitgeteilt
- Es gibt kein oder zu wenig Feedback zur Aufgabenerledigung und zur Tätigkeit selbst
- Der Vorgesetzte führt nicht, ggf. übernimmt jemand aus dem Team die Rolle
- Informationen werden nicht, zu wenig oder zu spät weitergegeben
- Es wird zu wenig kommuniziert, Konflikte oder Unruhe werden ignoriert und ausgesessen
- Die Handlungsspielräume sind unklar
- Es gibt zu wenig soziale Kontakte und Interesse an den Mitarbeitenden als Menschen
- Durch unklare Kommunikation verhalten sich Mitarbeitende wie ein „Hühnerhaufen" und suchen sich ihre Aufgaben selbst oder tun wenig – und bleiben damit unter ihren Möglichkeiten.

Vorgesetzte bedenken häufig nicht, wie wichtig Zufriedenheit im Team ist, um gute und sehr gute Leistungen zu erbringen. Manche halten es auch für unwichtig. Wenn Mitarbeitende jedoch ihre Zeit damit verbringen, sich über ihre Chefs aufzuregen oder sich als Opfer gegenseitig zu bedauern, dann schadet das dem Unternehmen und seinen Produkten oder Dienstleistungen. Daher folgen nun Anregungen, wie klare Kommunikation funktionieren kann.

Erwartungen klar äußern
- **Was erwarten Sie von Ihren Mitarbeitenden?** Das müssen alle Teammitglieder wissen. Dazu gehören Ziele, die Qualität und Quantität der Arbeit, die Handlungsspielräume jedes einzelnen Mitarbeiters, Ihre Planung, Meilensteine bei Projekten, Ihre Art zu kommunizieren, Durchführung von Sitzungen usw.
- **Was dürfen Ihre Mitarbeitenden von Ihnen als Führungskraft erwarten?** Das ist eine wichtige Information, die häufig von Chefs und Chefinnen nicht vermittelt wird. Wenn Ihre Mitarbeitenden wissen, was sie von Ihnen erwarten können (Loyalität, Unterstützung, Vertrauen, Art und Umfang von Kontrolle o. ä.), fühlen sie sich sicherer und können damit besser arbeiten.

Passende Kommunikation und Wahrnehmung
- Jeder Mitarbeiter hat ein bestimmtes Bedürfnis nach Lob und Kritik, nach häufigerer oder seltener Ansprache. Durch Ihre Menschenkenntnis wissen Sie, wie unterschiedlich Menschen sind: Finden Sie also heraus, was jeder und jede aus Ihrem Team braucht: Der eine braucht tägliches Lob, die andere wünscht sich nur eine Anerkennung, wenn sie wirklich etwas Herausragendes geleistet hat.
- Und: Sprechen Sie häufiger mit Ihren Mitarbeitenden! Begrüßen Sie sie zum Arbeitsbeginn, verabschieden Sie sich angemessen. Denken Sie an Geburtstage oder Jubiläen. Und führen Sie Mitarbeitergespräche nicht nur nach Vorschrift, also einmal im Jahr, sondern gerade dann, wenn es wichtig ist. Das können besondere Leistungen sein oder auch, wenn Sie den Eindruck haben, einem Mitarbeiter geht es derzeit nicht gut oder Leistungen lassen nach. Spiegeln Sie die Leistung oder Situation möglichst früh, nachdem sie erfolgt ist bzw. stattgefunden hat – nach einem Jahr werden Sie sich nicht mehr erinnern. Nutzen Sie Ihr empathisches Wissen, das Sie durch Ihre Selbstführung gelernt haben! So vermeiden Sie Konflikte oder können sie früh erkennen und entsprechend handeln.

Gespräche gut vorbereiten und durchführen
- Um was geht es genau in dem geplanten Gespräch? Bitten Sie Ihre Gesprächspartner um ausreichende Informationen und eine Agenda. Wenn Sie einladen, stellen Sie das Ihren Partnern rechtzeitig zur Verfügung, gerade auch Mitarbeiterinnen und Mitarbeitern.
- Sammeln Sie Fachwissen und weitere Informationen zur Vorbereitung und greifen Sie auf Erfahrungen früherer Gespräche zurück
- Bereiten Sie sich auf mögliche Argumente der Gesprächspartner und auf die eigene Strategie sowie auf eine Gesprächsstruktur vor
- Bereiten Sie sich mental auf die Gesprächspartner vor: Wie werden Sie ins Gespräch kommen? Falls es ein Mitarbeiter ist: Ist er ängstlich, unsicher oder eher selbstbewusst?
- Wenn Sie das Gespräch leiten, nennen Sie zu Beginn das Ziel und die voraussichtliche Dauer (und halten Sie sich daran!). Formulieren Sie kurz, sachlich und klar, so dass Ihre Gesprächspartner Ihnen folgen können. Vermeiden Sie Monologe, Wiederholungen, sowohl eigene wie die anderer. Hören Sie gut zu, ohne von eigenen Erfahrungen zu sprechen, und stellen Sie Fragen: Wer fragt, führt!

- Notieren Sie in Stichworten den Gesprächsverlauf und Zwischenergebnisse, fassen Sie alle Ergebnisse zum Schluss zusammen und holen Sie sich das Einverständnis Ihrer Gesprächspartner
- Für alle Gespräche gilt: Beziehen Sie klar Position, zeigen Sie sich trotzdem verhandlungsbereit und entscheiden Sie so objektiv und unabhängig wie möglich
- Bei Mitarbeitergesprächen: Bereiten Sie sich auf emotionale Erwiderungen von Mitarbeitenden vor, indem Sie sich mit den Stärken und Entwicklungsmöglichkeiten der Mitarbeiterin beschäftigen. Denken Sie über mögliche Argumente und Kompromisse nach, bevor Sie in das Gespräch gehen. Wichtig ist ein ruhiger Ort, wo Sie beide nicht gestört werden.

Meetings planen und durchführen
Auch hier gilt: **Eine gute Vorbereitung ist 90 % des Erfolges.** Möglicherweise denken Sie beim Lesen der folgenden Punkte, dass das doch selbstverständlich sei – ist es leider in vielen Unternehmen nicht. Für Mitarbeitende ist sehr frustrierend, nach einem gefühlt stundenlangen Meeting mit vielen Monologen nicht zu dem eigenen Punkt auf der Agenda zu kommen, obwohl dort dringend Punkte geklärt werden müssen. Gleichzeitig gibt der Vorgesetzte zu verstehen, dass es wertvolle Arbeitszeit sei, die hier „abgesessen" würde. Ebenso wenig motivierend ist es, zum nächsten Meeting zu spät zu kommen, weil man sich nicht getraut hat, dem Chef zu sagen, dass man einen weiteren Termin hat. Oder wenn jemand pünktlich kommt und dann allein im Sitzungsraum sitzt – und alle anderen einschließlich Chefin zu spät kommen.

Klare Kommunikation in Bezug auf Meetings heißt also:
- Definieren Sie für sich, wie lange Ihre Meetings maximal dauern sollen, welche Ihrer eigenen Werte wichtig sind (Pünktlichkeit, Verlässlichkeit usw.) und wie für Sie ein erfolgreiches Meeting aussehen soll.
- Stimmen Sie Ihre Meetings mit denen anderer Teams ab, falls Mitarbeitende anderer Abteilungen teilnehmen sollen oder nutzen Sie entsprechende digitale Kalender.
- Begrenzen Sie die Sitzungsdauer und halten Sie sich daran, damit alle Teilnehmer Ihre Zeitplanung einhalten können. Wenn einzelne Themen mehr Zeit als erwartet benötigen, vereinbaren Sie eine neue Sitzung zu diesen Themen, nur mit den betroffenen Mitarbeitern.
- Beginnen und beenden Sie die Sitzung pünktlich – das belohnt die Mitarbeiter, die zur angegebenen Zeit anwesend sind und kostet weniger Arbeitszeit.
- Erstellen Sie eine Agenda und fragen Sie bei einzelnen Punkten nach, wieviel Zeit benötigt wird und ob Vorarbeit in kleinerer Gruppe notwendig ist.

- Sorgen Sie für die notwendige Technik wie Beamer, Flipchart, Stellwände, funktionierende Stifte und ausreichend Papier.
- Sorgen Sie während der Sitzung dafür, dass ein Teammitglied Ergebnisse protokolliert.
- Stellen Sie sicher, dass alle Punkte auf der Agenda behandelt werden – nehmen Sie also nicht zu viele auf, sondern teilen Sie sie ggf. in mehrere Sitzungen. Oft müssen auch nicht alle Themen im großen Team besprochen werden, es reichen Grundinformationen.

Hinweis
Auch interkulturelle Kompetenz, also Wissen über Menschen aus anderen Kulturkreisen und deren Art zu kommunizieren, gehört zur Klarheit in der Kommunikation. Das Thema würde den Rahmen dieses Buches sprengen, daher wird weiterführende Literatur empfohlen.

Wenn Sie Wege zu klarer Kommunikation allein üben möchten, finden Sie im Lerntagebuch zu meinem ersten Buch weitere Anregungen. Falls Sie lieber mit einem Profi üben möchten, sollten Sie sich ein persönliches Coaching gönnen. Denn nur wenn Sie klar kommunizieren und selbst konfliktfähig sind, können Sie Konflikte rechtzeitig erkennen und sogar vermeiden – den Weg dorthin zeigt Abschn. 3.5.

3.5 Konfliktfähigkeit und Konfliktlösung

Konflikte entstehen durch mehrere Bedingungen
- Mindestens zwei Parteien haben ein gemeinsames Thema oder Ziel, über dessen Erreichung oder Umsetzung sie unterschiedlicher Meinung sind.
- Gleichzeitig haben sie unterschiedliche Vorstellungen von ihrer Rolle (mehr Erfahrung, älter, besser ausgebildet) und unterschiedliche Auffassung ihrer Beziehung zueinander.
- Dazu kommen Gefühle und Bedürfnisse ins Spiel: Zumindest eine Person fühlt sich verletzt, vorgeführt, abgewertet (wobei das keine echten Gefühle wie Wut oder Traurigkeit sind, sondern Empfindungen, die durch die andere Person entstanden sind) – d. h. Bedürfnisse nach Ordnung, Teilhabe oder Klarheit wurden nicht erfüllt.

Im Verlauf eines Konflikts entsteht eine besondere Dynamik

- Beide Parteien projizieren alles Negative auf die andere Partei, der oder die andere wird als Ursache für alle (anderen) Probleme gesehen.
- Beide mögen ihr eigenes impulsives und destruktives Verhalten nicht, behalten es aber bei.
- Ursache und Wirkung wird zunehmend vermischt.
- Beide verlieren die Übersicht über den Konflikt und bringen gleichzeitig neue Aspekte ein.

Sachliche Konflikte sind häufig leicht zu lösen, da hier Fakten geklärt und Informationen ausgetauscht werden können, um dann zu einer gemeinsamen Bewertung zu kommen. Bei den meisten größeren Konflikten geht es jedoch um Werte, Einstellungen und Gefühle, die in der Arbeitswelt oft nicht gezeigt oder ausgesprochen werden. Sie brodeln dann unter Oberfläche und brechen bei vorgeschobenen Sachthemen aus, wie folgendes Beispiel zeigt.

> **Beispiel**
> Eine Abteilungsleiterin erlebte einen Konflikt wegen Uneinigkeit bei der Arbeitsteilung zwischen zwei gleichgestellten Mitarbeitern, den sie über Monate nicht beseitigen konnte. Sie holte sich daher externe Unterstützung. In den Einzelgesprächen mit den drei Betroffenen wurde deutlich, dass sich ein Mitarbeiter von der Chefin nicht wahrgenommen fühlte und dagegen eine starke Verbindung zwischen der Chefin und seinem Kollegen feststellte. Die Abteilungsleiterin hatte unbewusst eine größere Nähe zum zweiten Mitarbeiter aufgebaut, da er ihr ähnlich war. Das Verhalten des ersten Mitarbeiters konnte sie dagegen nicht nachvollziehen, weil sie dessen andere Bedürfnisse und Werte nicht erkannte. Ebenso war ihr nicht bewusst, dass er sich und seine Arbeit nicht gesehen fühlte, sondern war eher genervt „von seiner Art". Als Lösung wurden jeweils Einzel-Coachings durchgeführt, bevor dann mit allen zusammen Ziele festgelegt, die Facharbeit neu strukturiert und über Werte gesprochen wurde.

Manchmal sind Konflikte so tief, dass sie ohne externe Unterstützung nicht gelöst werden können. Der Grund ist oft, dass entstehende Konflikte nicht rechtzeitig wahrgenommen und damit nicht angesprochen werden, bis sie schließlich zur Eskalation führen.

Als Führungskraft in der Arbeitswelt 4.0 ist es zur Erhaltung eines gut arbeitenden Teams sehr wichtig,

- konfliktfähig zu sein, also Konflikte zu erkennen und so früh wie möglich zu handeln
- den Betroffenen Konfliktlösungen anzubieten, d. h. Konfliktgespräche zu führen und zu von allen akzeptierten Lösungen zu kommen.

Welche Möglichkeiten haben Sie als Führungskraft, Konflikte zu lösen?

- Sie können Ihre Mitarbeitenden **trennen,** wenn es in anderen Abteilungen eine Arbeitsmöglichkeit gibt. Das ist in kleinen Unternehmen oft nicht umsetzbar. Manchmal ist der Konflikt fest in der Abteilung verhaftet und bleibt trotz Weggang der Konfliktpartner bestehen. Oder in der neuen Abteilung bricht der Konflikt erneut aus. Auch wenn Mitarbeiter Spezialisten sind, die Sie nicht verlieren wollen, muss eine andere Lösung gefunden werden.
- Wenn möglich, können Sie **organisatorische Lösungen** suchen, z. B. eine andere Büroaufteilung oder getrennte Schichten, bessere interne Kommunikation, Deadlines in Projekten o. ä. Hier sollte vorher geklärt werden, ob es wirklich um die Arbeit selbst geht oder um die Beziehung zwischen den Betroffenen.
- Als gut funktionierende Lösung können Sie beiden bzw. allen betroffenen Mitarbeitenden **Einzelcoachings** anbieten, am besten mit externen Coachs, die gut ausgebildet sind (siehe Abschn. 3.7). Im Gegensatz zur Personalabteilung oder zu Ihnen ist ein Coach kein Teil der Organisation und damit neutral – und Mitarbeiter sind bereit, sich zu öffnen und das Thema zu bearbeiten, um das es wirklich geht.
- Eine **Mediation** ist eine weitere, sehr professionelle Möglichkeit der Konfliktbearbeitung: Dort besprechen die Betroffenen gemeinsam mit einer Mediatorin den Konflikt und erarbeiten **selbst** eine tragfähige Lösung.

Auch wenn Sie von Hause aus ein harmonieorientierter Mensch sind und Streitereien nicht mögen: **Als Führungskraft müssen Sie sich um Konflikte kümmern!** Wenn Sie nichts tun, eskaliert die Situation, sodass Ihr Team im schlimmsten Fall nicht mehr arbeitsfähig ist, sondern sich nur noch mit dem Konflikt beschäftigt: In vielen Konflikten werden die anderen Teammitglieder irgendwann gezwungen, Partei zu ergreifen oder ein Teammitglied möchte zwischen den Kontrahenten vermitteln und diese verbünden sich dann gegen den Vermittler.

> **Hinweis**
>
> In manchen Unternehmen werden inzwischen interne Konfliktlotsen oder sogar Mediatoren bei Konflikten eingesetzt. Alle Mitarbeitenden mit dieser Zusatzfunktion wurden vorher umfassend von externen Mediatoren ausgebildet. Gleichzeitig wurde eine Konfliktstrategie erarbeitet und in den Unternehmenszielen verankert. Die Lotsen sind erste Ansprechpartner für Kollegen in Konflikten; die Mediatoren führen selbst Mediationen durch, jedoch nicht in der eigenen Abteilung. Die genannten Maßnahmen führten zu deutlicher Senkung von Konflikten in den Unternehmen.

3.6   Unterstützung einer offenen, sinnstiftenden Unternehmenskultur

Kennen Sie die Werte Ihres Unternehmens? Wenn ja: Stehen sie in der Imagebroschüre und auf der Website oder werden sie tatsächlich im Arbeitsalltag gelebt?

Sie haben bestimmt schon einmal das **Bild des Eisbergs** gesehen: **Oberhalb der Wasseroberfläche** ist das zu sehen, was ein Unternehmen **sichtbar** machen möchte: Das offizielle Image, der Organisationsaufbau, Eigentum wie Häuser oder Technik, häufig auch Finanzen und Kapital sowie Produkte. Dort ist vielleicht auch ein Leitbild zu finden, das beschreibt, wie kunden- und mitarbeiterorientiert ein Unternehmen sein will.

Unter der Oberfläche jedoch, unsichtbar, ist der Eisberg deutlich größer. Dort finden sich die **unsichtbaren Aspekte:** Einstellungen und Werte, Emotionen, die mit dem Unternehmen zusammenhängen, ungeschriebene Regeln und Normen, verborgene Ziele und Gruppenstrukturen und vielleicht sogar unsichtbare Führungskräfte (Mitarbeitende, die die Rolle der eigentlichen Führungskraft übernehmen, wenn diese nicht führt). Verborgene Gruppenstrukturen werden deutlich, wenn neue Mitarbeitende nicht ins System hineingelassen werden und z. B. Wissen oder Regeln nicht weitergegeben werden, sodass die Neuen verunsichert sind und ihre Arbeitsqualität leidet.

Die Organisation als System

Unternehmen sind allgemein betrachtet Organisationen, ebenso wie Vereine, Kirchen oder Institutionen des öffentlichen Dienstes. Ziel einer Organisation ist es, gemeinsam ein Produkt herzustellen, eine Dienstleistung anzubieten oder eine Aufgabe gemeinsam zu erfüllen, z. B. Pflege von alten oder kranken Menschen. Oft werden Organisationen rein rational-betriebswirtschaftlich betrachtet; jedoch handeln Menschen nur selten zweckrational – und Organisationen auch nicht. So werden Entscheidungen getroffen, die sich nicht rational begründen lassen, sondern aus Motiven wie Macht, Einfluss, Struktur oder Sicherheit resultieren. Organisationen sind daher ein **sehr komplexes, dynamisches und teilweise widersprüchliches und konfliktanfälliges System.**

Organisationen haben eine eigene Energie, die **Unternehmenskultur,** die sogar bis auf die Gründer oder bedeutende Betriebsleitungen zurückgehen kann. Das kann negativ sein wie bei Organisationen, wo Mitarbeitende sich nicht trauen, ihren Vorgesetzten etwas Negatives mitzuteilen, um ihre eigene Karriere nicht zu gefährden. Es kann positiv sein wie bei einem Orchester, dessen „Geist der Gründung" die Selbstbestimmung ist und dessen Mitglieder seit über 100 Jahren ihren Chefdirigenten selbst wählen. Diese positive Energie findet man auch bei Unternehmen oder Start-ups, die ihre Geschäftsführung aus ihrer Mitte wählen, wo also demokratische Strukturen die Unternehmensbasis bilden, oder bei Unternehmen, die sehr geschätzte Leitungen oder Eigentümer haben.

Manche Organisationen haben regelrecht militärische Strukturen, mit starren Hierarchien, wo immer der Dienstweg eingehalten werden muss. Hier sind Entscheidungswege lang und verursachen in der heutigen Zeit der schnellen, flexiblen und komplexen Kundenanforderungen wirtschaftliche Nachteile. Wenn also eine Führungskraft, die offen, authentisch und demokratisch führen will, in eine solche Organisation kommt, kann sie an unsichtbare Grenzen stoßen – ihre Werte und Ziele stimmen nicht mit denen der Organisation überein.

Tipp

Kommt Ihnen das bekannt vor? Wollten Sie vielleicht manches anders machen, als Sie in Ihr jetziges Unternehmen kamen, aber Ihre Führungskollegen oder die Geschäftsleitung haben Ihnen gleich abgeraten? Als kleiner Trost: In allen Organisationen bestehen feste Regeln, Strukturen und Denkweisen, die oft schwer zu durchbrechen sind und die Anpassung von neuen Mitarbeitenden erzwingen soll. Wenn jedoch die oberste Leitung, am besten zusammen mit den Führungsebenen, Veränderung zulässt, sich also wie in einem Mobilé ein Teil bewegt, müssen sich auch alle anderen bewegen. Dann kann sich auch Führung ändern. Beispiele finden Sie im Buch von Fréderic Laloux: „Reinventing Organizations": Als Graphic Novel für Vielbeschäftigte sehr empfehlenswert (Laloux 2017).

Wenn also Änderungen in der Organisation erfolgen sollen, muss das System – am besten mit **systemisch ausgebildeten Organisationsberatern** – weiterentwickelt werden. Dann wird zukünftig nicht mehr (oder nicht nur) auf Basis von „Leistung gegen Gehalt" sowie Zielerreichung durch externe Motivation mittels Boni und Prämien gearbeitet, sondern Unternehmenserfolge werden durch die innere Motivation der Mitarbeitenden erreicht. Voraussetzung ist eine gute Unternehmenskultur.

Woran können Sie eine gute Unternehmenskultur erkennen?
• Freude und Spaß an der Arbeit sowie Zusammenhalt unter den Kolleg/innen
• Die Mitarbeitenden dürfen eine ihren Fähigkeiten und Interessen entsprechende Tätigkeit ausüben und werden gefördert
• Anerkennung und Wertschätzung durch die Führungskräfte
• Sinnvolles und sinnstiftendes Tun und Handeln (wofür mache ich meine Arbeit?)
• Glaubwürdigkeit aller Führungskräfte
• Wir-Gefühl in allen Teams bis zur Geschäftsleitung
• Offene und klare Kommunikation über alle Ebenen
• Möglichkeit der aktiven Mitgestaltung in der Organisation, z. B. bei der Strategieentwicklung
• Selbst gewählte Eigenverantwortung der Mitarbeitenden für ihren Bereich
• Die inneren und die nach außen kommunizierten Werte stimmen überein
• Identifikation der Mitarbeitenden und Führungskräfte mit dem Unternehmen und seinen Zielen, Produkten und Dienstleistungen („Spirit")
• Gute Berichte und Bewertungen über den Arbeitgeber auf Online-Plattformen.

Wie kann eine solche Unternehmenskultur entwickelt werden?
Mit Zeit und Geduld. Empfehlenswert ist es, sich mit ausgewählten Mitarbeitenden und einer professionellen Moderatorin in eine mehrtägige Klausur zu begeben und beispielsweise folgende Fragen zu beantworten:

Fragen zur Unternehmenskultur
- In welche Richtung will sich unser Unternehmen entwickeln?
- Wozu dient unser Unternehmen? Womit erleichtern wir Menschen ihr Leben?
- Welche Werte, Normen und Ziele haben wir?
- Was können wir am besten? Welchen Nutzen haben die Kunden, die unser Produkt kaufen?
- Was unterscheidet uns von Mitbewerbern?
- Wie wollen wir unsere Ziele erreichen und welches Wissen brauchen wir dafür? Wie können wir unsere Mitarbeitenden weiterentwickeln und welche Talente von außen brauchen wir? Wie schaffen wir es, dass sie zu uns kommen?
- Welche Handlungsspielräume bieten wir Führungskräften und Mitarbeitenden? Wie sorgen wir dafür, dass unsere Werte wirklich gelebt werden? Wie schaffen wir es, dass alle Mitarbeitenden mit innerer Motivation arbeiten und eine hohe Leistungsorientierung haben?
- Wie erreichen wir, dass die Öffentlichkeit von unseren Werten und Zielen erfährt und ein authentisches Bild unseres Unternehmens erhält? Wie werden wir ein attraktiver Arbeitgeber?
- Wie verändern wir die Organisation so, dass sich 1) unsere Führungskräfte und Mitarbeitenden entfalten können, dass wir 2) komplexe Aufgaben schneller und besser lösen können und dass 3) ein „Spirit" bzw. ein „Wir-Gefühl" entsteht?
- Wie ermöglichen wir unseren Führungskräften, sich selbst (besser) kennenzulernen, eigene Werte zu entwickeln und zu leben sowie gute Beziehungen zu ihren Mitarbeitenden aufzubauen? Wie können wir sie dabei unterstützen, ihre Kooperations- und Kommunikationsfähigkeiten zu verbessern und mit Konflikten besser umzugehen? Wie können sie eine eigene innere Haltung entwickeln?
- Wie sorgen wir für Freiräume für alle Führungskräfte, damit sie ihre Arbeit und ihr Verhalten reflektieren und in Ruhe planen können?

Der gesamte Prozess wird erfahrungsgemäß mindestens zwei Jahre mit mehreren Klausurphasen in Anspruch nehmen und erfordert die Unterstützung aller Ebenen.

Warum sollte Ihr Unternehmen das tun?

Eine gute Unternehmenskultur ist notwendig in der Arbeitswelt 4.0, wenn sich die Organisationen um Talente bewerben müssen und nicht umgekehrt – Obstkörbe,

Kickertische o. ä. sind nur Kulissen und gleichen eine fehlende Atmosphäre
nicht aus. Es geht nicht nur um Wissensarbeiter – denn auch stark nachgefragte
Bewerber aus dem Hotel-, Gastronomie- oder Pflegebereich sowie Handwerker
suchen sich Arbeitgeber danach aus, ob die Führungskräfte echte Vorbilder sind,
ihren Teams Sicherheit geben und ihre Arbeit und sie selbst schätzen.

Gute Organisationen, privatwirtschaftliche und öffentliche Institutionen, brauchen also eine Unternehmenskultur, die sinnstiftend ist und Werte wie Zuverlässigkeit, Sicherheit und Fürsorge authentisch lebt.

> **Tipp**
> Die meisten der oben vorgestellten Fragen können Sie darüber hinaus nut-
> zen, um Ihr eigenes Sinnverständnis von Führung (siehe Abschn. 2.2) zu
> entwickeln. Vielleicht können Sie sich sogar mit Kolleg/innen zusammen-
> tun? Und Ihre Ergebnisse führen zu einer neuen Unternehmenskultur? Fan-
> gen Sie bei sich an und suchen Sie sich dann Partner – Sie werden sehen,
> welche positive Veränderungen entstehen!

3.7   Wissen über Coaching

Was hat Coaching mit Zukunftskompetenzen zu tun? Und was nutzt Ihnen Wissen über Coaching in Ihrem Führungsalltag?

Coaching wird seit einigen Jahren in der Wirtschaft genutzt, ist jedoch im
Gegensatz zur Mediation nicht gesetzlich geschützt. Über die **anerkannten
Coachingverbände** werden seit einigen Jahren qualitätsvolle Weiterbildungen
angeboten, die zertifiziert sind. **Eine gute zertifizierte Weiterbildung** läuft über
mindestens 18 Monate mit 200 Präsenzstunden (ohne Eigenstudium), damit die
zukünftigen Coaches ihre eigene Entwicklung reflektieren und sich professiona-
lisieren. Sie werden verpflichtet, neben der Weiterbildung und Dokumentationen
ein Lehrcoaching mit dem Umfang von mindestens 20–25 Doppelstunden durch-
zuführen, um aus unabhängiger Sicht beim Hineinwachsen in die neue Rolle als
Coach Unterstützung zu bekommen. Darüber hinaus zeichnen sich Coaches durch
eine große Berufs- und Lebenserfahrung aus, es ist z. B. hilfreich, dass Coaches,
die Führungskräfte coachen, umfassende Führungserfahrung mitbringen.

Tipp
Sie müssen nicht selbst eine Coaching-Weiterbildung machen, um zu wissen, was Coaching genau ist und was es bewirken kann. Wenn Sie einen Coach suchen, sollten Sie jedoch die Art, die Länge und die Qualität der Weiterbildung sowie seine Zugehörigkeit zu einem anerkannten Verband prüfen. Je nach Art des Coachings ist seine oder ihre Berufs- oder Branchenerfahrung wichtig. Lernen Sie ihn oder sie persönlich kennen und fragen Sie ihn nach seinen Schwerpunkten. Viele Unternehmen haben einen Pool von externen Coaches, sodass sich Mitarbeitende aussuchen dürfen, welcher Coach am besten zu ihnen passt.

Führungskräfte sollten nicht selbst als Coaches agieren, auch wenn es in der agilen Welt teilweise gelebt wird. Es ist wichtig, dass sie in ihrer Führungsrolle bleiben, denn Mitarbeitende könnten durch die Rollenvermischung irritiert sein. Gleichzeitig können sie sich gegenüber neutralen, zur Verschwiegenheit verpflichteten professionellen Coaches eher öffnen.

Führungskräfte sollten Ziele, Anlässe, die Rolle von Coaches und die Entwicklungsmöglichkeiten durch Coaching kennen. Dann können sie entscheiden, ob eine Mitarbeiterin Coachingsitzungen braucht oder ob es eher um eine Mediation (Konfliktlösung) oder um Mentoring geht.

Was ist also Coaching? **Coaching ist eine professionelle, lösungsorientierte Arbeitsweise, die von ethischen Grundsätzen und der darauf basierenden Haltung des jeweiligen Coachs getragen wird.**

Coaching kann mit folgenden **Zielen** dazu beitragen, Organisationen zu „pflegen", indem die Kompetenzen und Kräfte von Mitarbeitenden (wieder) gestärkt werden:

- **Wiederherstellung der Leistungsfähigkeit** von Führungskräften und Mitarbeitenden, z. B. Wiederherstellung der Stabilität bei Unsicherheit oder Stärkung der empathischen Seite
- **Entwicklung und Förderung von Potenzialen,** z. B. Übernahme von mehr Verantwortung
- **Herausforderungen durch Veränderungen meistern,** z. B. bei Umstrukturierung oder Filialschließungen
- **Persönlichkeitsentwicklung,** z. B. mehr Mut zeigen oder den Selbstwert stärken
- **Entlastung von Mitarbeitenden,** die zu hohe Ansprüche an sich selbst haben oder „die Firma retten wollen", also Fürsorge für Mitarbeitende.

Anlässe für Coaching sind beispielsweise

- Der Wunsch von Fach- und Führungskräften, eigene und organisatorische Ziele zu erreichen
- ihre Fähigkeiten besser als bisher nutzen, z. B. führen oder Zielerreichung lernen
- Prozesse und Strukturen im Unternehmen oder im Bereich verbessern
- Teams stärken oder Leitbilder erarbeiten
- Um- oder Neuorientierung, z. B. Suche nach einer neuen Tätigkeit im bisherigen Unternehmen oder externe Stellensuche
- Begleitung einer neuen Führungskraft im ersten Jahr
- Work-Life-Balance, um den Ausgleich zwischen beruflichen Herausforderungen und dem Privatleben zu schaffen
- Klärung von Konflikten im Team, zwischen Team und Führung oder zwischen Abteilungen.

Rolle des Coaches

Wichtig ist die Unterscheidung zur Beratung: Coaching ist keine Beratung, sondern ist eine **Begleitung auf Zeit.** Experte für sein berufliches Umfeld ist der Mitarbeitende oder die Führungskraft, die gecoacht wird. Der Coach ist Experte für den Prozess; er unterstützt den Klienten dabei, die für ihn passende Lösung zu finden. Er hat den Überblick über den gesamten Prozess, die organisatorischen Strukturen und Besonderheiten des Klienten sowie über soziale Zusammenhänge. Seine Aufgabe ist es, die Persönlichkeit des Klienten zu fördern, seine Fähigkeiten zu stärken, seine Potenziale zu finden oder zu einer neuen Berufsstrategie zusammenzufassen.

Wie kann das in der Praxis aussehen?

Nehmen wir an, Sie haben einen Abteilungsleiter, den Sie fachlich sehr schätzen, der jedoch jeden Tag mindestens zwölf Stunden arbeitet. Ihnen fällt auf, dass er ungeduldiger und unfreundlicher gegenüber Kollegen und Mitarbeitenden ist als früher. Auch Ihnen gegenüber hat sich sein Verhalten verändert. Sie bitten ihn zum Gespräch, in dem deutlich wird, dass er unzufrieden ist – er kann jedoch keine Gründe nennen. Sie bieten ihm einen Coaching-Prozess an. Im Coaching wird dem Abteilungsleiter klar, dass er am liebsten als Spezialist arbeitet. Die Führung seiner Mitarbeitenden sieht er als „Zeitverschwendung, die ihn von interessanten Aufgaben abhält". Um sich sein Bedürfnis nach Spezialaufgaben zu erfüllen und zufrieden nach Hause gehen zu können, hat er jeden Tag zusätzliche Stunden mit fachlicher Arbeit verbracht. Im Coaching-Prozess erarbeitet er die für ihn passende Lösung: Möchte er als Abteilungsleiter weiterarbeiten und ändert dafür seine Haltung gegenüber seiner Führungsaufgabe oder wünscht er sich eine Tätigkeit als Spezialist? Nach dem Prozess hat er für sich Klarheit gewonnen und kann mit Ihnen seine weitere Entwicklung besprechen".

Nutzen Sie Coaching für sich selbst und für Mitarbeitende – es erleichtert Ihre Arbeit als Führungskraft sehr, stärkt das Team und erhöht die Qualität der Zusammenarbeit. Sie sorgen so für Ihre Mitarbeitenden – und für sich! – und zeigen ihnen Ihre Wertschätzung. Auch kann Coaching sowohl mit systemischen Tools als auch mit Online-Persönlichkeitsanalysen zur Mitarbeiterbindung und Loyalität gegenüber Ihrem Unternehmen beitragen.

3.8   Nutzen der Zukunftskompetenzen

In der Arbeitswelt 4.0. wird von Ihnen eine hohe Veränderungs- und Lernbereit-schaft für Neues ebenso erwartet wie das Zeigen von Mut und Zuversicht gegen-über Ihren Mitarbeitenden – und innovativ sollen Sie auch noch sein. Ihre neu gewonnenen Zukunftskompetenzen unterstützen Sie bei Ihren Führungsauf-gaben und -rollen und geben Ihnen Sicherheit.

Welchen Nutzen haben Sie also, wenn Sie sich die Zukunftskompetenzen aneignen?

- Aus Ihrer Menschenkenntnis wird Empathie: Sie erkennen Gefühle und Bedürfnisse Ihrer Mitarbeitenden, wissen um ihre Fähigkeiten und Interessen und können sie an dem für sie besten Arbeitsplatz einsetzen.
- Durch Ihre Fähigkeit, sich selbst gut zu kennen und sich damit selbst zu füh-ren, können Sie sich gut steuern und sind kritikfähig. Sie haben akzeptiert, dass Sie selbst nicht das tiefe Wissen Ihrer Mitarbeitenden haben können, ver-trauen ihnen jedoch, zum Wohl des Unternehmens zu arbeiten.
- Durch Ihr gutes Zeit- und Selbstmanagement haben Sie mehr Zeit für Ihre Mitarbeitenden.
- Durch Ihre klare Kommunikation sorgen Sie für Sicherheit und Offenheit durch Weitergabe von Wissen, denn Sie wissen, dass Sie Ihre Mitarbeitenden

unterstützen müssen, damit sie ihre Arbeit gut machen können. Ihr Team kennt Ihre Ziele und Erwartungen sowie die eigenen Handlungsspielräume.

- Durch Ihre Konfliktfähigkeit erkennen Sie Konflikte früh und handeln angemessen.
- Sie unterstützen Ihre Unternehmenskultur durch Ihr Wissen über Werte und sinnstiftende Zusammenarbeit.
- Durch Ihr Wissen über die positive Wirkung von Coaching nutzen Sie es zur Weiterentwicklung und zur Fürsorge von Mitarbeitenden und sich selbst.

Umsetzung im Führungsalltag

So, nun haben Sie sich mit den Zukunftskompetenzen beschäftigt – wie kann jedoch die Umsetzung in Ihrem Betrieb bzw. in Ihrem Arbeitsbereich aussehen? Um das näher zu beleuchten, betrachten wir drei unterschiedliche Bereiche, in denen Führungskräfte tätig sind.

4.1 Projektleitung

Hier liegt gleich ein „Sonderfall" vor: Projektleiterinnen und -leiter haben meistens die fachliche Leitung, jedoch keine Personalverantwortung. Wenn Sie eine Projektleitung, z. B. für die Einführung einer neuen Software, übernommen haben, stehen Sie vor einer besonderen Herausforderung. Sie haben sehr fachkompetente und sehr unterschiedliche Mitarbeitende, die Sie ohne „klassische" Führungsinstrumente zum gemeinsamen Projektziel führen sollen. Also brauchen Sie die Zukunftskompetenzen!

Menschenkenntnis
Je besser Sie Menschen kennen, gern mit ihnen umgehen und verstanden haben, wie unterschiedlich sie sind, desto leichter wird Ihnen Ihre neue Aufgabe fallen.
Eine Möglichkeit des Kennenlernens besteht in Einzelgesprächen mit allen zukünftigen Projektmitgliedern vor dem Start. So können Sie sich ein Bild von Bedürfnissen und Werten machen, herausfinden, was sie antreibt und welche Charaktereigenschaften sie prägen. Das nutzen Sie, um die Projektmitarbeitenden nicht nur an der fachlich besten, sondern auch an der persönlich geeignetsten Stelle einzusetzen. Sie haben eine Projektmitarbeiterin, die bereits ein sehr

© Springer Fachmedien Wiesbaden GmbH, ein Teil von Springer Nature 2020
A. Lüneburg, *Erfolgreich sein als Führungskraft in der Arbeitswelt 4.0*,
essentials, https://doi.org/10.1007/978-3-658-28906-5_4

umfassendes Softwarewissen hat, zurückhaltend ist und Ruhe zum Arbeiten braucht? Verschaffen Sie ihr ein Einzelbüro! Oder ein anderer Mitarbeiter ist sehr gut strukturiert und verantwortungsbewusst? Beauftragen Sie ihn mit der Projektplanung und der Einhaltung der Projektmeetings!

Selbstführung
Das haben Sie hoffentlich schon getan.
Sie kennen sich selbst gut, wissen um Ihre Stärken, können Ihren Projektmitgliedern vertrauen und sind fähig, Entscheidungen zeitnah zu treffen. Und durchsetzungsfähig sind Sie natürlich auch – ohne die Kontrolle zu verlieren, denn Sie können sich ja gut steuern. Sie sind authentisch, können ganzheitlich denken und haben so jederzeit die Übersicht über das gesamte Projekt.

Selbst- und Zeitmanagement
Starten Sie Ihr Projekt mit einem Kick-off-Meeting, in dem Sie Thema, Ziele, Inhalte und voraussichtliche Dauer vorstellen.
Klären Sie vor dem Kick-off-Meeting, ob Mitarbeiter noch woanders gebunden sind, z. B. in einer Abteilung. Dann sorgen Sie durch gutes Zeitmanagement und Absprachen mit der Abteilungsleitung dafür, dass die Mitarbeitenden wirklich die vereinbarte und benötigte Zeit für das Projekt haben.
Stellen Sie im ersten Meeting alle Projektmitarbeitenden vor und geben Sie ausreichend Zeit zum Kennenlernen, Austausch von Wissen und Kapazitäten. Legen Sie Meilensteine und die Zeiten für Projektmeetings gemeinsam fest – so bekommen Sie alle ins Boot. Wenn Sie ausreichend Zeit für Absprachen mit den einzelnen Projektmitgliedern haben, gewinnen Sie sie für die Ziele des Projekts durch Kenntnisse über ihre Persönlichkeit. So können Sie möglichst viele Bedürfnisse wie Sicherheit oder Ruhe erfüllen. Und: Wecken Sie Interesse und sogar Begeisterung für das Projekt, indem Sie seinen Sinn deutlich machen.

Klare Kommunikation
Ganz einfach: Sprechen Sie mit Ihren Projektmitgliedern – und zwar regelmäßig!

- Informieren Sie alle Projektmitglieder in regelmäßigen, verlässlichen Abständen: Wenn an jedem Montagsmorgen um 9.00 Uhr ein Projektmeeting geplant ist, dann muss es auch **immer** montagsmorgens um 9.00 Uhr stattfinden – ggf. mit Ihrer Vertreterin!
- Sorgen Sie für respektvollen, akzeptierenden Umgang aller Mitglieder und Ihnen als Leitung untereinander, basierend auf gegenseitigem Vertrauen.

- Sie als Projektleitung müssen kooperieren und koordinieren können – und über Ihr Tun sprechen. Beschreiben Sie genau die Aufgabenbereiche der einzelnen Mitarbeitenden – das sorgt für Klärung. Denn: In einem Projekt zählen gemeinsame Ergebnisse mehr als Einzelleistungen, auch wenn sie zur Zielerreichung notwendig sind.

Tipp
Die genannten Punkte helfen auch bei der Führung fester Teams!

Konfliktfähigkeit
Gerade wenn ein Projekt unter Zeitdruck durchgeführt wird, ist Gefahr für Konflikte groß, z. B. durch Schuldzuweisungen, Unverständnis für die Situation der Kollegen, Ungeduld oder unterschiedliche Auffassung der Aufgabenerledigung.

Die erste Aufgabe für Projektleitungen ist möglichst die Vermeidung von Konflikten, damit Ihr Team arbeitsfähig bleibt. Das bedeutet ein möglichst guter Einsatz Ihrer Zukunftskompetenzen, vor allem klare und stetige Kommunikation und eine gutes Zeitmanagement für das gesamte Projektteam. Hier ist Ihre Disziplin gefragt: Sie führen Ihr geplantes Teammeeting durch, auch wenn Ihre Geschäftsleitung Sie zu dem Zeitpunkt sprechen möchte. Seien Sie verlässlich und glaubwürdig für Ihr Team (Ihre Projektmitglieder halten sich ja den Zeitraum auch extra frei) und versuchen Sie, das gegenüber der Geschäftsleitung zu kommunizieren.

Ist nun ein Konflikt zwischen zwei Mitarbeitenden, die Sie beide notwendig brauchen, ausgebrochen, so finden Sie zunächst heraus, was genau passiert ist, wer beteiligt ist und was der Hintergrund sein könnte. Gerade zum Ende eines Projektes kann dauerhaft hohe Arbeitsüberlastung zu Dünnhäutigkeit und damit leicht zu Konflikten führen. Auch hohe Leistungsansprüche können die Ursache für Auseinandersetzungen sein.

Dann laden Sie die Betroffenen zum Klärungsgespräch ein und nehmen sich ausreichend Zeit, um herauszufinden, um was es genau geht. Hinter einem Konflikt liegt häufig ein Bedürfnis, das nicht erfüllt wurde. Das können Sie jedoch erst herausfinden, wenn Sie die Betroffenen über den Anlass haben sprechen lassen. Meist hilft es schon sehr, wenn beide die Gründe für das Handeln des anderen erfahren und nachvollziehen können. In schwereren Fällen und um das Projekt nicht zu gefährden, können externe Coachings oder eine Mediation hilfreich sein.

Offene und sinnstiftende Projektkultur
Die wichtigste Grundlage für ein erfolgreiches Projekt ist ein Zugehörigkeits- und Gemeinschaftsgefühl unter den Projektmitarbeitenden.
Dazu müssen alle nachvollziehen können, wozu das Projekt dient: Erleichtert es nach Projektabschluss allen im Unternehmen die Arbeit? Ist es ein neues, innovatives Produkt, das dem Unternehmen neue Märkte erschließt? Oder welchen Sinn wird das Projekt stiften? Steht die Geschäftsleitung dahinter und ist persönlich an den Fortschritten interessiert? Schwerer sind Projekte, die aus gesetzlichen Gründen umgesetzt werden müssen, z. B. im Datenschutz. Aber auch dort findet ein kluger Projektleiter Gründe, die Sinnhaftigkeit für das eigene Unternehmen darzustellen – und die Unternehmensleitung mit einzubeziehen.

Das Zugehörigkeitsgefühl erreichen Sie durch wiederkehrende Hinweise auf das Projektziel („was ist dann besser?"), durch regelmäßige Gespräche mit den Projektmitgliedern und mit der Unternehmensleitung.

Besprechen Sie genau, welche Ziele Sie wann und wie gemeinsam erreichen wollen, legen Sie sie in möglichst hoher Einigkeit fest – und sorgen Sie dafür, dass alle davon überzeugt sind, sie zu erreichen.

Geben Sie regelmäßig und ausreichende Information über den Stand des Projekts, auch über das Teammeeting hinaus. Wenn vom Projektteam gewünscht, gehen Sie gemeinsam essen oder planen Sie Events – jedoch nur dann. Wer eher introvertiert ist, ist weniger an Events interessiert, ein Extravertierter wünscht sich jedoch Aktivitäten neben der Arbeit. Fragen Sie die Mitarbeitenden, was sie sich wünschen.

Wenn das Projekt beendet ist, lassen Sie nicht alle Projektmitglieder einfach in ihre Abteilungen zurück gehen, sondern sorgen Sie zum einen für qualifizierte Feedbackrunden, um aus der Projektarbeit zu lernen, und zum anderen für eine schöne – separate – Abschlussveranstaltung, wo die Unternehmensleitung und Sie allen Mitarbeitenden für ihr Engagement danken und einen Ausblick in die Zukunft geben. Das wird den Weg für die nächsten Projekte ebnen.

Coaching und Mediation
Coachings für einzelne Projektmitglieder oder für das gesamte Team können in drei Phasen des Projektes unterstützen.

- Zum Auftakt des Projekts, um die Ziele gemeinsam abzustimmen. Auch die Rollenverteilung einschließlich der Projektleitung kann dort besprochen und festgelegt werden, um mögliche spätere Konflikte zu vermeiden. Insgesamt kann die Begeisterung für das Projekt geweckt und gestärkt werden.

- Im laufenden Projekt, z. B. wenn Konflikte ausbrechen, die so ernst sind, dass Sie als Projektleitung und die Betroffenen sie nicht allein lösen können. Hier sollte eine zertifizierte Mediatorin beauftragt werden, um den Projekterfolg durch ausfallende Experten nicht zu gefährden.
- Am Ende des Projektes: Hier können die Feedbackrunden fachlich begleitet werden, gerade wenn das Projekt nicht so gut gelaufen ist wie erwartet. So werden Schuldzuweisungen ausgeschlossen und durch einen qualifizierten Coach die Projektphasen nochmal besprochen. Damit stellt Ihr Unternehmen sicher, dass es aus Fehlern gelernt hat und kann die Ergebnisse in die nächsten Projekte übertragen.

4.2 Team- oder Abteilungsleitung

Als Teamleiter oder Abteilungsleiterin können Sie die Zukunftskompetenzen nutzen, um Ihre Haltung als Führungskraft zu entwickeln. Wie wollen Sie führen? Wie möchten Sie (von Ihren Vorgesetzten) geführt werden? Und nicht zuletzt: Würden Sie gern von sich geführt werden?

Diese drei Fragen sollten sich vor allem Führungskräfte stellen, die erstmals Führungsverantwortung übernehmen. Die Zukunftskompetenzen helfen Ihnen, Ihre neuen Aufgaben zu bewältigen – und die drei Fragen für sich zu beantworten.

Menschenkenntnis
Ihre Führungsarbeit wird leichter, wenn Sie wissen, wie Menschen denken, fühlen und handeln.

Als neue Führungskraft – insbesondere, wenn Sie jünger sind als die meisten Mitarbeitenden Ihres neuen Teams – sollten Sie sich möglichst gut auf Ihren Start vorbereiten. Wenn Sie **innerhalb des Unternehmens** wechseln, kennen Sie gegebenenfalls schon einige Mitarbeitende und können sich vorab Gedanken machen, welche Charaktereigenschaften diese wohl auszeichnet, was sie antreibt und wer welche Kompetenzen mitbringt.

Auch wenn Sie **innerhalb des Teams** die Leitung übernehmen, wissen Sie bereits einiges. In dieser Situation sollten Sie überlegen, wer möglicherweise wie auf Ihre Beförderung reagiert und was Sie tun können, um möglichst gut zu starten. Versetzen Sie sich in deren Lage: Gibt es jemanden, der gern Ihre Stelle gehabt hätte? Der sich jetzt zurückgesetzt fühlt? Der sich als kompetenter als Sie empfindet? Gibt es jemanden, der mit Ihnen befreundet ist oder es zumindest so sieht? Ist jemand dabei, mit dem Sie noch nie gut klarkamen? Oder wird jemand die ehemalige Leitung sehr vermissen?

Denken Sie vor dem Start über Ihre Haltung nach. Wie möchten Sie mit den Betroffenen umgehen? Wie stellen Sie sicher, dass alle ihre Arbeit machen? Was tun Sie bei Arbeitsverweigerung oder nicht vorhandenen Kompetenzen? Machen Sie sich bewusst, dass Sie als Teamleiterin nun mehr Macht haben als zuvor – über Ihre ehemaligen Kollegen! Wie wollen Sie sie positiv nutzen? Wie wollen Sie Ihre neue Rolle gestalten? Wie kommunizieren Sie sie gegenüber Ihrem Team? **Wichtig: Bleiben Sie selbst!** Sie werden mit Ihrer echten Persönlichkeit eher punkten als wenn Sie mit Ihrer neuen Machtstellung negativ umgehen und plötzlich „Gehorsam" verlangen.

Wenn Sie **von extern** kommen, haben Sie den Vorteil, dass Sie als neutrale Chefin Ihr Team unvoreingenommen kennenlernen können. Führen Sie möglichst bald nach Ihrem Start Einzelgespräche mit einem Leitfaden durch und lernen Sie so die Charaktereigenschaften, Interessen, Werte und Kompetenzen jedes Teammitglieds kennen. Am besten führen Sie im ersten Jahr alle drei Monate Gespräche mit allen Teammitgliedern, damit Sie genau wissen, wie jeder seine Arbeit schafft und was im Team läuft. Wenn Sie z. B. mehr Teammeetings ansetzen als das Team bisher gewohnt war, um Ihren Informationsbedarf zu erfüllen, kommunizieren Sie das gegenüber dem Team! Nur dann können sie Ihre Anweisung nachvollziehen.

Für alle Situationen gilt: **Nutzen Sie Ihre Menschenkenntnis und lernen Sie Ihr Team kennen – auch wenn Sie wenig Zeit haben.** So vermeiden Sie Missverständnisse, Konflikte und schlechte Leistungen.

Selbstführung
Nur wer sich selbst gut führen kann, kann auch andere gut führen.
Sie brauchen Wissen über sich selbst (siehe Abschn. 3.2), um Ihr Team gut zu führen. Sie kennen Ihre Stärken, sind emotional stabil und können sich selbst gut steuern. Sie kennen Ihre „blinden Flecken" und wissen mit ihnen umzugehen. Natürlich sind wir alle nicht perfekt – es geht bei der Selbstführung um Gelassenheit mit sich selbst und im Umgang mit Mitarbeitenden. Wenn Sie ein ausreichend hohes Selbstwertgefühl haben, werden Sie nicht die Schuld an schlechten Ergebnissen bei anderen suchen oder sie abwerten. Sie stellen sich bei Problemen vor Ihre Mitarbeitenden und klären Fehler intern. Diese klären Sie, damit das gesamte Team daraus lernt – und nicht, um einen Mitarbeiter bloß zu stellen. Ihre Mitarbeitenden wissen, dass sie sich auf Sie verlassen können; Sie vertrauen sich gegenseitig, um einen guten Job zu machen.

Als neue Teamleitung sollten Sie Ihre Werte zu Beginn vorstellen und deutlich machen, dass Sie negatives Verhalten nicht tolerieren werden. Es ist wichtig, dass Sie über eine hohe Durchsetzungskraft und Entscheidungsfähigkeit verfügen.

Beides können Sie vor dem Start in die Führungsverantwortung durch ein Coaching noch verbessern, falls notwendig. Denn für Teams sind Chefs, die nicht führen, häufig schlimmer als autoritäre Führungskräfte.

Ziehen Sie sich einmal jährlich zurück und denken Sie nach, wohin Sie sich entwickeln möchten und wie es umsetzbar ist. Reflektieren Sie Ihr Verhalten als Führungskraft und gleichen Sie es mit Ihrer gewünschten Haltung ab.

Selbst- und Zeitmanagement
Hier können Sie alles nutzen, was bereits in Abschn. 3.3 vorgestellt wurde.
Das Wichtigste ist jedoch: Tun Sie es – und zwar konsequent!

Machen Sie es sich beispielsweise zur Regel, dass keine Sitzung bei Ihnen länger dauert als zwei Stunden – die Mitarbeitenden werden es Ihnen danken. Arbeiten Sie mit Prioritätenlisten, Zeitpuffern und nehmen Sie sich ausreichend Zeit für die Vorbereitung von Sitzungen. Auch hier werden sich die anderen Teilnehmer über Ihr Wissen freuen.

Beschäftigen Sie sich immer wieder mit Ihren unterschiedlichen Zielen: Mit den Unternehmenszielen, den Abteilungs- oder Teamzielen und mit Ihren eigenen. Was möchten Sie erreichen in Ihrem Beruf? Welche privaten Ziele haben Sie und Ihr/e Lebenspartner/in? Ist eine Familie da, auf deren Bedürfnisse Rücksicht genommen werden muss? Wie lassen sich private Wünsche mit beruflichen Zielen vereinbaren, wenn beispielsweise Ortswechsel zu einer erfolgreichen Karriere gehören? Wie vereinbaren Sie Beruf und Privatleben?

Lernen Sie neue Tools aus dem Zeitmanagement kennen und nutzen Sie sie konsequent – Sie werden die Zeitersparnis spüren. Und können mehr Ihren Führungsaufgaben widmen.

Klare Kommunikation
Machen Sie klare Aussagen: Was erwarten Sie von Ihren Mitarbeitenden?
Was dürfen diese von Ihnen erwarten?

Auch für Team- und Abteilungsleitungen gilt: Reden, reden, reden! Neben etwas Small Talk über Privates sprechen Sie über Ihre Erwartungen, Ziele, Planungen, Projekte, Produkte, Ergebnisse usw. Oft erfahren Mitarbeitende von anderen Abteilungen oder sogar erst aus den Medien, was es Neues gibt oder wie die Zukunft geplant ist.

Teilen Sie Ihr Wissen mit den Mitarbeitenden, damit sie ihre Arbeit so gut wie möglich machen können. Sorgen Sie dafür, dass auch das Team untereinander Wissen teilt und versorgen Sie sie mit allem, was sie brauchen. Kooperation und Koordination gehören zu den wichtigsten Führungsaufgaben – erledigen Sie diese bestmöglich!

Planen Sie regelmäßige Team- oder Abteilungsmeetings ein, lassen Sie die Mitarbeitenden aus ihren Aufgabenbereichen berichten und entscheiden Sie bei offenen Punkten. Behandeln Sie die Meetings als „heilig": Lassen Sie sie nicht ausfallen, weil ein Kunde nur dann kann – und wenn es unabänderlich ist, geben Sie sofort einen Ersatztermin bekannt. Denken Sie daran: Auch Ihre Mitarbeitenden haben Termine und planen diese um Ihr Meeting herum. Seien Sie verlässlich und glaubwürdig, denn viele Fragen werden bis zum Meeting aufgeschoben und müssen dann zeitnah geklärt werden. Seien Sie hier ein Vorbild, es wird sich auf Ihr Team auswirken!

Sorgen Sie für ein gutes Arbeitsklima in Ihrem Bereich: Besprechen Sie wichtige Werte wie Respekt, Anerkennung und Vertrauen für den Umgang miteinander. Klären Sie ebenso, wie Sie mit Fehlverhalten einzelner Teammitglieder umgehen. Bieten Sie Feedbackrunden an – und zwar nicht nur einseitig, sondern lassen Sie sich auch von Ihren Mitarbeitenden Feedback geben. Dann haben Sie „Stoff" für Ihre jährlichen Reflexionstage und können sich weiterentwickeln.

Konfliktfähigkeit
Konfliktfähige Führungskräfte sitzen Konflikte nicht aus, sondern handeln rechtzeitig und angemessen.

Wenn Sie als neue oder zukünftige Führungskraft Konflikte nicht mögen und ihnen möglichst aus dem Weg gehen, ist ein entsprechendes Training unerlässlich. Konflikte, vor allem spät erkannte, können ganze Abteilungen lahmlegen, sodass konstruktive und qualitätsvolle Arbeit nicht mehr möglich ist. Die Konfliktlösungsfähigkeit ist eine Führungsaufgabe, die jedoch in der Praxis häufig nicht umgesetzt wird. Daher gehört sie zu den wichtigsten Zukunftskompetenzen. Die Fähigkeit, Konflikte zu lösen, erhöht Ihre Glaubwürdigkeit und Zuverlässigkeit als Führungskraft.

Was können Sie also tun? Einige Hinweise konnten Sie bereits im Abschn. 4.1 lesen. Hilfreich ist es, wenn Sie erkennen, um welchen Konflikttyp es sich handelt: Geht es um einen Sachverhalt? Oder um Interessenkonflikte, Beziehungen unter Kollegen oder um unterschiedliche Werte? Je nach Typ müssen andere Lösungen erarbeitet werden. Sie sollten in jedem Fall ein erstes Gespräch mit neutraler Grundhaltung mit den Konfliktgegnern führen. Danach entscheiden Sie, ob Sie selbst zur Lösung beitragen können oder ob Sie eine Mediation benötigen.

Da es den Rahmen dieses Buches sprengen würde, sei auf die Buchempfehlungen im Literaturverzeichnis sowie auf die Möglichkeiten des Coachings (siehe Abschn. 3.8) verwiesen.

Offene und sinnstiftende Unternehmenskultur
Auch als Team- oder Abteilungsleitung können Sie zu einer guten Unternehmenskultur beitragen.
Wenn Sie Ihre Werte kennen und sie glaubwürdig im Unternehmen leben, werden das Ihre Mitarbeitenden positiv bemerken, ihre eigene Arbeit als sinnvoll wahrnehmen und sich wertgeschätzt und anerkannt fühlen. Durch Ihr Verhalten wird sich das Klima in Ihrer Abteilung oder in Ihrem Team positiv entwickeln – und damit Auswirkungen auf die Arbeitsleistung haben.

Darüber hinaus können Sie versuchen, in Ihrem Unternehmen Gleichgesinnte zu finden, um mehr Mitbestimmung und Offenheit in Ihre Unternehmenskultur zu bringen. Wenn Sie in Ihrem Bereich eine gute Abteilungskultur geschaffen haben, wird sich das herumsprechen und bei anderen Abteilungen wird der Wunsch nach einer guten Kultur für alle entstehen. Zunächst werden viele bei Ihnen arbeiten wollen – und es ist an Ihnen, Ihre Führungskolleg/innen zu motivieren, ebenso eine Haltung als Führungskraft zu entwickeln – bis zur obersten Ebene.

Coaching
Coaching trägt zur Weiterentwicklung der eigenen Persönlichkeit sowie zum Wandel der Unternehmenskultur bei.
Wenn Sie eine neue Führungskraft sind – insbesondere als ehemaliges Teammitglied –, ist es sehr hilfreich, sich in Ihrem ersten Jahr durch einen Coach begleiten zu lassen. Hier können Sie Prozesse, Arbeitsbeziehungen, Strukturen und Zusammenhänge besprechen sowie „Fettnäpfchen" vermeiden. Im geschützten Raum des Coachings können Sie offene Fragen klären und Lösungen erarbeiten. Vor allem können Sie Ihre eigene Haltung entwickeln durch Kennenlernen des eigenen Selbst, der Charaktereigenschaften, Werte und Motive Ihres Handelns. Daneben stärken Sie Ihre Kommunikation und Konfliktfähigkeit.

Gestandene Führungskräfte können Coachings für Mitarbeitende nutzen, damit diese ihre Potenziale entdecken und richtig einsetzen können. Ein zweites Beispiel ist die Verarbeitung einer aktuellen Situation, die Stabilisierung ihrer Kompetenzen und die Stärkung ihrer Persönlichkeit.

Auch Team- und Organisationsentwicklungsmaßnahmen können durch Coachings qualitativ begleitet werden; bei Konflikten ist eine Lösung durch eine zertifizierte Mediatorin oder einen Mediator empfehlenswert.

4.3   Geschäftsführung oder Betriebsleitung

Sie sind selbst an der Spitze eines schon länger existierenden Unternehmens oder eines Start-ups und möchten sich mehr mit den Zukunftskompetenzen auseinandersetzen? Sie sind davon überzeugt, dass die Prozesse im Unternehmen besser laufen würden, wenn alle Mitarbeitenden mehr Eigenverantwortung übernehmen und dass Vertrauen eine gute Grundlage für die Zusammenarbeit ist? Möglicherweise wünschen Sie sich folgendes Zukunftsszenario für Ihr Unternehmen.

Die zukünftige Unternehmenskultur in meinem Unternehmen
Meine Mitarbeitenden sind von innen heraus motiviert und zeigen einen hohen Leistungswillen. Sie und meine Führungskräfte bzw. Kolleg/innen haben Menschenkenntnis, ein positives Menschenbild und sehen Sinn in ihrem Tun und in meinem Unternehmen. Ich zeige meinen Mitarbeitenden, wie wichtig sie und ihre Arbeit für das Unternehmen sind und bin Vorbild. Ich lege meinen Schwerpunkt auf Stärken und Potenziale meiner Mitarbeitenden und nicht auf Defizite und Schwächen. Wir Führungskräfte sind mutig und zuversichtlich und trauen unseren Teams zu, Aufgaben eigenverantwortlich und mit Entscheidungsfreiheit umzusetzen. Wir haben eine gute Unternehmenskultur, sind als Arbeitgeber attraktiv und können gute Mitarbeitende im Unternehmen halten.

Dann starten Sie den Prozess!
Voraussetzung ist, dass Sie selbst alle in den Abschn. 4.1 und 4.2 beschriebenen Wege gegangen sind: Sie wissen, wer Sie sind, Sie können sich selbst und andere gut führen, kennen Ihre Charaktereigenschaften, Stärken, Werte und Kompetenzen. Sie mögen Menschen und wissen, wie unterschiedlich sie sein können. Sie wissen, dass sich Mitarbeitende Sicherheit, Fürsorge und Jobs wünschen, die ihren Fähigkeiten und Interessen entsprechen. Und Ihnen ist bewusst, dass die jungen Generationen andere Wünsche an Unternehmen, Arbeitsabläufe und Führung haben als die älteren – und dass daher Anpassungen unerlässlich sind.

Eine sinn- und identitätsstiftende Unternehmenskultur bedeutet für Unternehmen, dass Werte wie Vertrauen, Freiheit, Respekt, Verantwortung und Engagement nach innen und außen spürbar sind und gelebt werden.

Lesen Sie inspirierende Bücher, suchen Sie Beispiele von Unternehmen, die den Weg schon gegangen sind und lassen Sie sich von systemischen Experten begleiten, die sich mit Organisationssystemen und menschlichen Persönlichkeiten auskennen – es macht den Weg leichter.

> **Tipp**
> Sie haben vor einiger Zeit ein Start-up gegründet und merken nun, dass Sie Ihre Organisation weiterentwickeln müssen? Lesen Sie Bücher über Organisationsentwicklung, z. B. von Glasl und Lievegoed (1996/2004) oder Laloux mit „Reinventing Organizations" – oder lassen Sie sich begleiten, damit Sie professionell in die nächste Organisationsphase kommen.

4.4   Die innere Haltung: Führen durch Persönlichkeit

Zum Abschluss dieses Buches wird nun alles zusammengeführt, womit Sie sich in den bisherigen Kapiteln beschäftigt haben: Was Sie brauchen, um eine echte Führungspersönlichkeit mit einer klaren inneren Haltung zu werden und wie die Zukunftskompetenzen Sie dabei unterstützen können.

Die innere Haltung ist im doppelten Sinne der Halt oder der feste Grund, der eine Führungspersönlichkeit in ihrem Handeln steuert.

Wenn Sie eine klare Haltung haben, lenkt diese Ihre Entscheidungen und Ihr Verhalten. Sie kommen nicht „ins Schleudern" oder in Unsicherheit, sondern Sie wissen, was und wohin Sie wollen. Sie handeln nicht impulsiv, sondern mit Bedacht.

Um diese Klarheit und Sicherheit zu behalten, brauchen Sie **interne und externe Kraftquellen oder Ressourcen,** die Sie stärken. In Abb. 4.1 sehen Sie diese Kraftquellen als Basis der Persönlichkeit. Die Zukunftskompetenzen 1 und 2, Menschenkenntnis und Selbstführung, stützen die internen Ressourcen, während die Zukunftskompetenz 7, das Wissen über Coaching, sowie Austausch und Reflexionen wichtig für die Nutzung der externen Ressourcen sind.

Durch die stärkenden Kraftquellen können Sie Ihre **drei wichtigsten Führungskompetenzen** einsetzen, die in Abb. 4.1 oben stehen:

Sie nehmen Ihre Mitarbeitenden **positiv wahr** und gehen davon aus, dass sie **als Menschen so ok sind, wie sie sind** – auch wenn ihr Verhalten nicht immer ok ist. Dank der Zukunftskompetenzen 1, 4 und 5 (Menschenkenntnis, Kommunikation und Konfliktfähigkeit) können Sie echte Beziehungen zu Ihren Mitarbeitenden aufbauen und so Konflikte vermeiden oder sehr früh lösen.

Abb. 4.1 Die innere Haltung als Führungskraft. (Eigene Darstellung)

Sie sind an der **Weiterentwicklung** Ihrer Mitarbeitenden interessiert und unterstützen diese, auch wenn Sie dadurch eine gute Mitarbeiterin verlieren sollten. Sie geben nach Möglichkeit allen den gewünschten Freiraum und ermöglichen ihnen, Neues zu lernen. Dafür nutzen Sie die Zukunftskompetenzen 1 und 7 (Menschenkenntnis und Wissen über Coaching).

Sie geben Ihren Mitarbeitenden **Struktur,** d. h. Sie schaffen Klarheit, wofür Sie stehen und was Sie von Ihren Mitarbeitenden erwarten. Sie setzen klare Grenzen: Wer hat welche Aufgaben, wer darf was usw., um verborgene Gruppenstrukturen zu vermeiden. Sie erwarten von Ihrem Team oder Ihrer Abteilung, dass alle die Ziele mittragen und dafür arbeiten, dass Sie sie gemeinsam erreichen. Im Austausch sorgen Sie für Sicherheit, Zuverlässigkeit, regelmäßige Meetings und konstruktiven Austausch sowie gegenseitiges Feedback. Für diese Aufgabe sind vor allem die Zukunftskompetenzen 3 und 6 (Selbst- und Zeitmanagement, offene Unternehmenskultur) wichtig, aber auch 2 und 5 (Selbstführung, Kommunikation).

Wenn Sie diese Führungskompetenzen mit Unterstützung der Zukunftskompetenzen nutzen, werden Sie sehr engagierte Mitarbeitende haben, mit denen Sie ihre Ziele gut erreichen können.

Fazit und Ausblick

5

Haben Sie sich mit den sieben Zukunftskompetenzen und allem, was dahinter liegt, während der Lektüre beschäftigt? Falls noch nicht: Tun Sie es bald! Suchen Sie sich eine Sparringspartnerin aus dem Freundeskreis, einen zertifizierten Coach oder ziehen Sie sich für ein paar Tage zurück – und entwickeln Sie Ihre eigene innere Haltung als Führungskraft. Diese Fragen sollten Sie dann für sich beantworten können:

- Welche internen und externen Ressourcen habe ich? Welche brauche ich noch?
- Welche Charaktereigenschaften prägen mich, welche Werte sind mir wichtig?
- Kenne ich meine Bedürfnisse und kann ich die meiner Mitarbeiter erkennen?
- Was brauche ich, damit ich gut arbeiten und führen kann?
- Welche der sieben Zukunftskompetenzen beherrsche ich bereits? Und welche möchte ich dann lernen? Wann folgen die anderen?
- Wie möchte ich führen, sodass ich die drei Führungskompetenzen Wahrnehmung, Weiterentwicklung und Struktur gut anwenden kann?
- Wie kann ich Begeisterung bei meinen Mitarbeitenden wecken, sodass sie von innen her motiviert sind und im Unternehmen bleiben?
- Wer bin ich selbst?

Die Arbeitswelt 4.0 braucht möglicherweise weniger agile Organisationsformen als mehr Führungskräfte mit einer klaren inneren Haltung sowie Unternehmen, die eine sinnstiftende Unternehmenskultur entwickelt haben oder sie entwickeln wollen. Gerade in der aktuellen Umsetzungsphase der Digitalisierung sind Führungskräfte mit hoher Selbst-, Kommunikations- und Zielkompetenz unersetzlich für Unternehmen, die auch in Zukunft bestehen wollen. Dafür benötigen sie qualifizierte Mitarbeitende, die immer mehr nach glaubwürdigen Führungskräften mit Haltung und nach einer offenen, sinnstiftenden Unternehmenskultur verlangen.

© Springer Fachmedien Wiesbaden GmbH, ein Teil von Springer Nature 2020   49
A. Lüneburg, *Erfolgreich sein als Führungskraft in der Arbeitswelt 4.0*,
essentials, https://doi.org/10.1007/978-3-658-28906-5_5

Dieses *essential* hat in seiner Kürze auf die wichtigsten Zukunftskompetenzen von Führungskräften hingewiesen. Wenn Sie mehr wissen möchten, empfehle ich Ihnen Literatur aus meiner Liste am Ende des Buches, die mir in meinem beruflichen Führungsalltag und in meiner Weiterentwicklung geholfen hat. Wenn Sie sich zunächst allein mit Ihrer Haltung beschäftigen möchten, können die **Vorlagen für ein Lerntagebuch** aus meinem ersten Buch (Lüneburg 2019) hilfreich sein. Hier können Sie sie herunterladen: https://www.anke-lueneburg.de/buch-auf-dem-weg-zur-fuehrungskraft/. Falls Sie die Zukunftskompetenzen eher mit einem Sparringspartner erlernen möchten, suchen Sie sich eine gute Anbieterin für Führungskräfte-Coaching und Workshops.

Ich freue mich über Austausch und Anregungen und wünsche Ihnen viel Erfolg in Ihrem Führungsalltag!

Ihre
Anke Lüneburg
post@anke-lueneburg.de

Was Sie aus diesem *essential* mitnehmen können

- Zum guten Führen werden sieben Zukunftskompetenzen gebraucht, vor allem klare Kommunikation, Menschenkenntnis und Wissen über sich selbst, um die Anforderungen der Zukunft zu bestehen
- Die persönliche Weiterentwicklung ist für Führungskräfte ebenso wichtig wie die fachliche.
- Führungskräfte nehmen in der Arbeitswelt 4.0 neue Rollen ein: Unterstützer anstatt Anweisungsgeber, Zukunftsstrategin anstatt Spezialistin
- Coaching-Prozesse können bei der Entwicklung zur authentischen Führungskraft, die ihren Mitarbeitenden Vorbild ist und Sicherheit vermittelt, unterstützen
- Die Arbeitswelt 4.0 braucht echte Führungspersönlichkeiten, die ein positives Menschenbild haben und wissen, dass eine innere Haltung wichtiger ist als klassische Managementtools.

© Springer Fachmedien Wiesbaden GmbH, ein Teil von Springer Nature 2020   51
A. Lüneburg, *Erfolgreich sein als Führungskraft in der Arbeitswelt 4.0*,
essentials, https://doi.org/10.1007/978-3-658-28906-5

Literatur

Die nachfolgenden Bücher oder Websites sind größtenteils keine umfangreichen Fachbücher, sondern gut lesbare Bücher für die Praxis. Sie bieten viel Wissen und Inspiration für den eigenen Führungsalltag. Viel Freude dabei!

Zu allen Themen

Lüneburg, A. (2019). *Auf dem Weg zur Führungskraft. Die innere Haltung entwickeln.* Wiesbaden: Springer Fachmedien. Mit Lerntagebuch zum Herunterladen: https://www.anke-lueneburg.de/.

Führung

Bitzer, B. (2016). *Alphatiere können nicht führen.* Arbeitshefte Führungspsychologie (Bd. 79). Hamburg: Windmühle.

Crisand, E., & Rahn, H.-J. (2010). *Psychologische Grundlagen im Führungsprozess.* Hamburg: Windmühle.

Permantier, M. (2019). *Haltung entscheidet. Führung & Unternehmenskultur zukunftsfähig gestalten.* München: Vahlen.

Schrör, T. (2016). *Führungskompetenz durch achtsame Selbstwahrnehmung und Selbstführung. Eine Anleitung für die Praxis.* Wiesbaden: Springer Fachmedien.

Sprenger, R. K. (2013). *An der Freiheit der anderen kommt keiner vorbei.* Frankfurt a. M.: Campus.

Wüthrich, H. A., Osmetz, D., & Kaduk, S. (2009). *Musterbrecher. Führung neu leben* (3. überarb. u. erw. Aufl.). Wiesbaden: Gabler.

© Springer Fachmedien Wiesbaden GmbH, ein Teil von Springer Nature 2020
A. Lüneburg, *Erfolgreich sein als Führungskraft in der Arbeitswelt 4.0,*
essentials, https://doi.org/10.1007/978-3-658-28906-5

Selbstführung und Selbstkompetenz

Crisand, E. (1996). *Psychologie der Persönlichkeit*. Arbeitshefte Führungspsychologie (7. neu bearb. u. erw. Aufl., Bd. 1). Heidelberg: Sauer.

Crisand, E. (2002). *Soziale Kompetenz als persönlicher Erfolgsfaktor*. Arbeitshefte Führungspsychologie (Bd. 41). Heidelberg: Sauer.

Crisand, E., & Rahn, H.-J. (2010). *Psychologische Grundlagen im Führungsprozess* (3., überarbeitete Aufl.). Hamburg: Windmühle.

Kommunikation

Pink, R. (2010). *Souveräne Gesprächsführung und Moderation. Kritikgespräche – Mitarbeiter-Coaching – Konfliktlösungen – Meetings – Präsentationen*. Frankfurt a. M.: Campus.

Konfliktlösung

Berkel, K. (2014). *Konflikttraining. Konflikte verstehen, analysieren, bewältigen*. Hamburg: Windmühle.

Glasl, F. (2008). *Selbsthilfe in Konflikten*. Stuttgart: Haupt Verlag Freies Geistesleben.

Unternehmenskultur und Organisation

Glasl, F., & Lievegoed, B. (2004). *Dynamische Unternehmensentwicklung*. Stuttgart: Haupt Verlag Freies Geistesleben. (Erstveröffentlichung 1996).

Janssen, B. (2016). *Stille Revolution, führen mit Sinn und Menschlichkeit*. München: Ariston.

Laloux, F. (2017). *Reinventing Organizations. Ein illustrierter Leitfaden sinnstiftender Formen der Zusammenarbeit*. München: Franz Vahlen. (Hinweis: Es basiert auf dem fast gleichnamigen Lehrbuch).

Printed in the United States
By Bookmasters